일등도 꼴찌도, 학생도 선생님도
온 국민이 함께 보는 영어책

영어책에 애착이 생긴 건 처음! 스노우캣의 일러스트와 필수 단어,
실용 예문을 모아 〈별책〉으로 준비했다!
너무 예뻐서 자꾸 보게 되고, 계속 보다 보면 영어 실력이 업그레이드된다!

* 이 책은 『영어는 잘하고 싶은데 열심히 하고 싶진 않아』의 별책부록입니다.

Free MP3파일
hanbit.co.kr/engwell2

영어는 잘하고 싶은데 열심히 하고 싶진 않아

문덕 지음·스노우캣 그림

English Picture Dictionary
481 Essential Words & Illustrations

⊞ 한빛라이프

01

인간과
생물

01

사람의 몸

머리에서 발끝까지 네 모든 걸 알고 싶어

01 cell 세포

02 wrinkles 주름

03 wink 윙크

Snub nose
들창코

Strawberry nose
딸기코

aquiline nose
매부리코

05 ear 귀

01 You can observe human cells through a microscope. 당신은 현미경을 통해 인간세포를 관찰할 수 있다.

02 I'm beginning to get wrinkles on my forehead. 이마에 주름이 지기 시작했어. **03** She winked at me. 그녀가 나에게 윙크했어.

04 He has an aquiline nose. 그는 매부리코야. **05** The cat picked up its ears. 고양이가 귀를 쫑긋 세웠어.

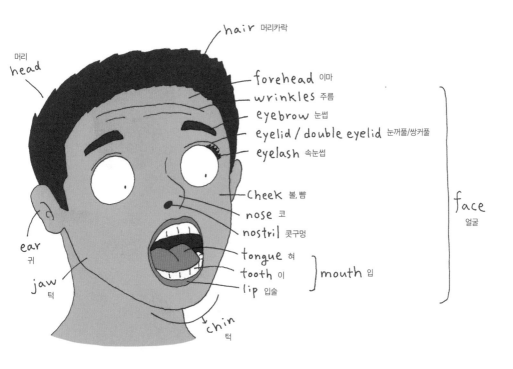

hair 머리카락

머리
head

forehead 이마
wrinkles 주름
eyebrow 눈썹
eyelid / double eyelid 눈꺼풀/쌍커풀
eyelash 속눈썹

face
얼굴

Cheek 볼, 뺨
nose 코
nostril 콧구멍
tongue 혀
tooth 이
lip 입술

} mouth 입

ear
귀

jaw
턱

chin
턱

mustache
콧수염

Sideburns
구레나루

beard
턱수염

01 wisdom teeth 사랑니

사랑니 님...

02 belly button 배꼽

03 potbelly 똥배

04 period 월경

05 lap 무릎

내 achilles heel은 지나치게 빛나는 맑은 눈동자.

06 miscarriage 유산

07 achilles heel 유일한 약점

---

01 I had a wisdom tooth pulled (out). 사랑니를 뽑았어.　**02** You have dirt on your belly button. 너 배꼽에 때 꼈어.

03 My daddy has a potbelly. 우리 아빠는 똥배가 나왔어.　**04** I'm in period now. 나 지금 생리중이야.

05 I use a laptop on my lap. 난 노트북을 무릎 위에 올려놓고 사용해.

06 Unbearable stress may cause you to have a miscarriage. 심한 스트레스로 아이를 유산할 수도 있습니다.

07 Everyone has his own achilles heel. 누구나 자신만의 약점이 있어.

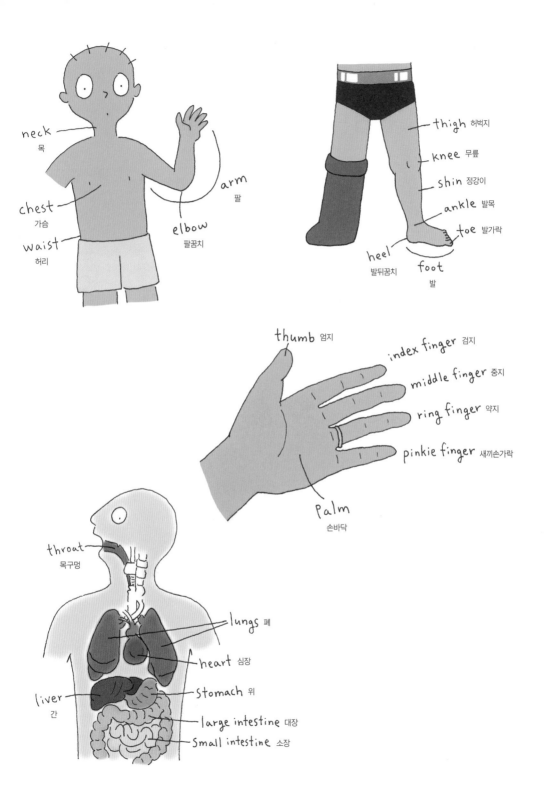

neck
목

chest
가슴

waist
허리

arm
팔

elbow
팔꿈치

thigh 허벅지

knee 무릎

shin 정강이

ankle 발목

toe 발가락

heel
발뒤꿈치

foot
발

thumb 엄지

index finger 검지

middle finger 중지

ring finger 약지

pinkie finger 새끼손가락

palm
손바닥

throat
목구멍

lungs 폐

heart 심장

stomach 위

liver
간

large intestine 대장

small intestine 소장

몸의 상태

나는 통통한 사람이 좋아

① tired 피곤한   **②** doze 졸다

③ decrepit 노쇠한   **④** tubby 키 작고 뚱뚱한   **⑤** frail 허약한

① I'm dead tired tonight. 오늘밤은 너무 피곤해.   **②** I was so tired that I fell into a doze. 너무 피곤해서 깜빡 졸았어.

③ My grandfather has become decrepit. 우리 할아버지는 노쇠해 지셨어.   **④** He is a short and tubby man. 그는 키가 작고 뚱뚱해.

⑤ We're sick and frail. 우리는 병들고 허약해.

03

질병

어디가 아프신가요?

01 disease 병

02 have a runny nose
콧물이 줄줄 흐르다

03 athlete's foot 무좀

04 contagious disease
접촉성 전염병

01 My brother is suffering from a disease. 내 형은 병을 앓고 있어. **02** I have a runny nose. 콧물이 줄줄 흘러.

03 I have athlete's foot. 나 무좀이 있어. **04** Athlete's foot is a contagious disease. 무좀은 접촉성 전염병이야.

01 AIDS 에이즈

02 isolation ward 격리 병동

03 latent period 잠복기

04 headache 두통

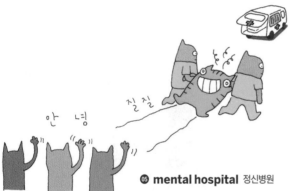

05 mental hospital 정신병원

06 dandruff 비듬

01 He was infected with AIDS through a blood transfusion. 그는 수혈을 통해 에이즈에 감염됐어.

02 The patient was in an isolation ward for 7 days. 그 환자는 격리병동에 7일간 있었어.

03 This disease has a latent period. 이 병은 잠복기가 있어.　**04** I have a bad headache. 두통이 너무 심해.

05 He was put into a mental hospital. 그는 정신병원에 입원됐어.

06 My head is itching to death because of dandruff. 비듬 때문에 머리가 간지러워 죽을 지경이야.

01 eyesight 시력

02 toothache 치통

03 lung cancer 폐암

04 mouthwash 가글 (양치질 약)

05 burn 화상

06 stomachache 복통, 위통

01 I have bad eyesight. 난 시력이 나빠. **02** I have a toothache. 난 치통이 있어.

03 Smoking may cause lung cancer. 흡연은 폐암을 유발해.

04 Use mouthwash If you have bad breath. 입냄새가 나면 가글을 사용해봐. **05** I got a burn. 나는 화상을 입었어.

06 I have a severe stomachache. 배가 너무 아파.

01 constipation 변비

02 diarrhea 설사

03 profligate 문란한, 방탕한

04 fracture 골절

05 scar 흉터

06 swell 부어오르다

01 I think I have constipation. 변비가 있는 것 같아. **02** I've been having diarrhea. 계속 설사해.

03 He is profligate in his way of life. 그는 생활이 방탕해. **04** He's got a leg fracture. 그는 다리가 골절됐어.

05 There is a big scar on his face. 그는 얼굴에 커다란 흉터자국이 있어. **06** I have swollen tonsils. 편도선이 부었어.

다양한 증상들

headache 두통	toothache 치통	earache 귀앓이	stomachache 복통	backache 요통
Sore throat 목아픔	fever/temperature 고열	cough 기침	runny nose 콧물	chills 오한
nauseous 매스꺼운	vomit 토하다	dizzy 현기증 나는	bump (때려서 생긴) 혹	bruise 타박상
rash 발진, 뾰루지	Sprained ankle 발목을 삐다	insect bite 벌레물림	cut 베다	cavity 충치

04

우리 심심한데 병원놀이나 할까

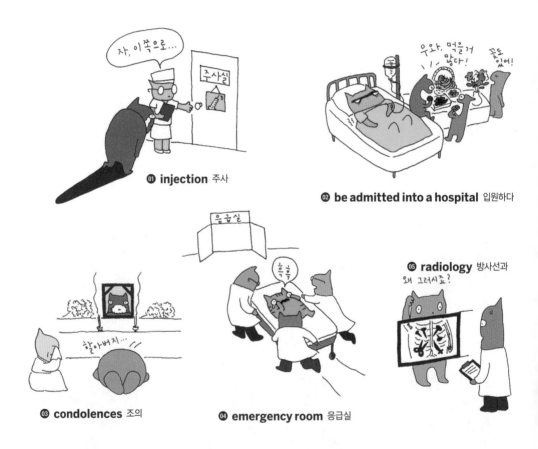

❶ injection 주사

❷ be admitted into a hospital 입원하다

❺ radiology 방사선과

❸ condolences 조의

❹ emergency room 응급실

❶ I hate getting an injection. 나는 주사 맞는 거 질색이야.

❷ I was admitted into a hospital due to influenza. 나는 독감으로 입원을 했어.

❸ You have my heartfelt condolence. 진심으로 조의를 표합니다.

❹ He was taken to an emergency room by ambulance. 그는 구급차로 응급실로 후송됐어.

❺ Your lung x-rays from the department of radiology look clear. 당신의 폐는 방사선과에서 온 X-ray상에는 이상이 없어요.

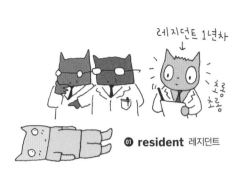

① resident 레지던트

② obstetrician 산과 의사

③ psychiatrist 정신과 의사

④ oculist 안과 의사

⑤ dermatologist 피부과 의사

⑥ cosmetic surgeon 미용 성형외과 의사

⑦ quack 돌팔이

① Jack is a resident at a general hospital. 잭은 종합병원에서 레지던트를 하고 있어.

② The obstetrician is in the delivery room. 그 산부인과 의사는 분만실에 들어올 수 있습니다.

③ You'd better consult a psychiatrist. 넌 정신과 의사 상담을 받아 보는 게 좋겠어.

④ The oculist advised me to wear glasses. 안과의사가 안경 쓰라고 충고했어.

⑤ I consulted a dermotologist yesterday. 어제 피부과 진료를 받았어.

⑥ The cosmetic surgeon recommended that I get plastic surgery. 그 성형외과 의사는 내게 성형수술 받기를 권했어.

⑦ He seems to be a disqualified quack. 그는 무자격 돌팔이 의사처럼 보여.

05
감각
오감으로 느끼는 짜릿한 순간

01 FIVE SENSES 오감

02 rough 거친

03 cold 차가운

04 see (의지와 상관없이) 보이다

watch (움직임을) 지켜보다

glance 얼핏 쳐다보다

gaze 응시하다

glare 노려보다

05 behold 감탄하며 보다

---

01 Taste is one of your five senses. 미각은 너의 오감 중에 하나야. **02** He has a rough skin. 그는 피부가 거칠어.

03 I'm very sensitive to cold. 나는 추위를 많이 타. **04** I saw him in Jongro. 종로에서 그를 봤어.

05 I beheld the sunrise on the beach. 해변에서 일출을 (감탄하며) 봤어.

① hear
(의지와 상관없이) 들리다

listen to
(귀 기울여) 듣다

overhear
엿듣다

eavesdrop
도청하다

② **deafening** 귀청이 터질 것 같은

③ **stinky** 고약한

④ **sniff** 킁킁거리다

⑤ **bitter** 쓴

⑥ **flat** 싱거운

① I listened to his song. 그가 노래하는 걸 (귀 기울여) 들었어.

② I frowned at his deafening song. 그의 귀청이 터질 것 같은 노래 소리에 눈을 찌푸렸어.　**③** Your fart smells stinky. 네 방귀 냄새가 고약해.

④ The dog sniffed at a stranger. 개가 낯선 사람에게 킁킁거렸어.　**⑤** Good medicine always tastes bitter. 좋은 약은 입에 쓴 법이야.

⑥ This soup is rather flat. 이 국은 다소 맛이 없어.

06
동물

영어로 꼭 알아둬야 할 동물들

- cow 암소
- pig 돼지
- goat 염소
- puppy 강아지
- dog 개

- egg 계란
- cock 수탉
- hen 암탉
- chick 병아리
- rat 쥐
- cat 고양이
- poultry 가금류

01 snake 뱀 **02** frog 개구리 **03** leech 거머리

04 caterpillar 송충이 **05** bee 벌

06 rabbit 집토끼

07 swallow 제비 **08** mosquito 모기

01 I felt creepy at the sight of a snake. 나는 뱀을 보고 오싹했어. **02** The snake swallowed a frog. 그 뱀이 개구리 한 마리를 삼켜버렸어.

03 Don't cling to me like a leech. 거머리처럼 나한테 달라붙지 마. **04** The pine tree has a number of caterpillars. 소나무에는 송충이가 많아.

05 I was stung by a bee. 벌에 쏘였어. **06** I used to believe that a rabbit lives on the moon. 나는 예전에는 달에 토끼가 산다고 믿었어.

07 Swallows return to Korea in spring. 제비는 봄에 한국으로 돌아와.

08 I hardly slept because of the mosquitos last night. 어젯밤에 모기 때문에 잠을 설쳤어.

01 eagle 독수리

02 magpie 까치

03 gorilla 고릴라

04 trout 송어

05 octopus 문어

06 parrot 앵무새

- **lion** 사자
- **tiger** 호랑이
- **elephant** 코끼리
- **giraffe** 기린
- **bear** 곰

07 louse 이

01 An eagle swooped down upon a chick. 독수리가 병아리를 낚아채려 내려왔어.

02 Koreans have regarded magpies as signs of good luck. 한국인들은 까치를 행운의 징조로 여겨.

03 A gorilla can walk on two feet. 고릴라는 두 발로 걸을 수 있어.

04 Trout ice fishing is very popular in Korea. 얼음 송어 낚시는 한국에서 인기가 많아.

05 An octopus has eight arms. 문어는 다리가 여덟 개야.

06 That parrots is not good at mimicking sounds. 저 앵무새는 소리 흉내를 잘 못내.

07 The cat was infested with lice all over. 그 고양이는 온몸에 이가 득실거렸어.

07

식물

식물에 대해서도 이쯤은 알아야지

①　annual ring 나이테

②　golden bell 개나리

③　fruit 열매

④　flower vase 꽃병

⑤　garden balsam 봉선화, 봉숭아

---

① You can guess the age of a tree through the annual ring. 나이테로 나무의 나이를 짐작할 수 있어.

② The golden bells are in full bloom on the side of the road. 도로가로 개나리가 활짝 피었어.

③ This tree bears no fruit. 이 나무에는 열매가 안 열려.　**④** I put some flowers into the flower vase. 꽃병에 꽃을 꽂았어.

⑤ I dye my nails with garden balsam. 손톱에 봉숭아 물들였어.

01 watermelon 수박

02 carrot 당근

03 wood 나무, 목재

04 persimmon tree 감나무

05 maple tree 단풍나무

06 ivy 담쟁이덩굴

07 leaf (나뭇)잎

08 palm 종려나무

01 He was caught stealing watermelon. 그는 수박 서리를 하다가 잡혔어.

02 Eating carrots are good for your eyes. 당근 먹으면 눈에 좋아. **03** This table is made of wood. 이 테이블은 나무로 만들었어.

04 There are many perimmon trees in this village. 이 동네에는 감나무가 많아.

05 The maple trees have begun to turn red. 단풍이 빨갛게 물들기 시작했어.

06 Ivy had crept along the walls. 담쟁이덩굴이 벽을 뒤덮었어. **07** I'm watching the falling leaves. 나는 떨어지는 낙엽을 바라보고 있어.

08 The leaves of a palm tree resemble our palm. 종려나무 잎은 우리 손바닥을 닮았어.

02
___

감정과
성격

01

기쁨은 나누면 배, 슬픔은 나누면 반

① smile 미소 짓다

② grin 씨익 웃다

③ laugh inside 남몰래 웃다

④ laugh at 비웃다

⑤ ecstasy 황홀, 엑스터시(마약의 일종)

---

① The scary-looking man smiled at us. 무섭게 생긴 사람이 우리 보고 미소 지었어.

② He suddenly grinned at me. 그는 나를 보더니 갑자기 씨익 웃었어.　**③** I bet you are laughing inside. 난 네가 속으로는 웃고 있다고 확신해.

④ Are you laughing at me? 너 나 비웃는 거야?　**⑤** She was thrown into ecstasy at the news. 그녀는 그 소식을 듣고 황홀감에 빠졌어.

01 make a face 인상 쓰다

02 shed tears 눈물을 흘리다

03 sob 훌쩍훌쩍 울다, 흐느껴 울다

04 depressed 의기소침한

05 whimper 울먹이다

06 blubber 앙앙 울다

07 compunction 가책

08 crybaby 울보

09 appease 달래다

---

01 Don't make a face! 인상 쓰지 마! **02** I often shed tears for my deceased grandmother. 난 돌아가신 할머니가 보고 싶어서 종종 울어.

03 I heard her sobbing loudly. 나는 그녀가 크게 흐느껴 우는 걸 들었어. **04** I suddenly became depressed. 나는 갑자기 의기소침해졌어.

05 The child was lost and began to whimper. 그 아이는 길을 잃고 훌쩍이기 시작했어.

06 The man is blubbering like a baby. 그 남자는 아이처럼 엉엉 울고 있어.

07 He felt a little compunction about it. 그는 그 일에 대해 양심의 가책을 조금 느꼈어. **08** Don't be such a crybaby. 그렇게 울보처럼 굴지 마.

09 Please try to appease that crying child. 저기 우는 애 좀 달래봐.

세상에서 제일 무섭고 화나는 이야기

01 surprised 놀란   **02 alarmed** 너무 놀란   **03 awe** 경외감

04 embarrass 당황하게 하다   **05 frighten** 무섭게 하다   **06 cowardly** 겁 많은

---

01 I was surprised at the news. 그 소식 듣고 놀랐어.   **02** I was alarmed at the sound. 나는 그 소리에 깜짝 놀랐어.

03 I felt awe when I saw his statue. 그의 동상을 보고 경외감을 느꼈어.

04 I was too embarrassed to say a word. 너무 당황스러워서 한마디도 못했어.

05 I was very much frightened at the scene. 그 장면 보고 너무 무서웠어.   **06** He is a cowardly man. 그는 겁 많은 남자야.

01 panic 집단적인 공포, 공황, 공황 상태에 빠지다

02 ghastly 소름끼치는

03 brave 용감한

04 sorrow 슬픔

05 jealousy 시샘

06 ambition 야망

07 disappointed 실망한

08 get angry 화를 내다

09 sullen 시무룩한, 뚱한

01 Don't panic. 진정하세요. **02** I was frightened by her ghastly appearance. 그녀의 소름 끼치는 모습에 겁을 먹었어.

03 He was brave enough to spend one night in a cemetery. 그는 공동묘지에서 하루 밤을 잘 정도로 용감했어.

04 He is in deep sorrow. 그는 깊은 슬픔에 잠겨있어. **05** He looked at the couple with jealousy. 그는 그 커플을 질투의 눈으로 바라봤어.

06 He had the ambition to be a great singer. 그는 위대한 가수가 되겠다는 야망을 가졌어.

07 I'm very disappointed with your behaviour. 네 행동에 대단히 실망했어. **08** I got angry with her. 난 그녀에게 화가 났어.

09 He took a sullen attitude. 그는 시무룩한 태도를 보였어.

04

성격과 품성

야! 성질 좀 죽여

01 melancholy 우울감, 우울한

02 sociable 사교적인

03 flexible 유연한

04 brag 허풍떨다

05 divulge 누설하다

06 talkative 말 많은

01 I felt blue due to the melancholy song. 그 구슬픈 노래 때문에 우울했어.

02 He's very sociable and active. 그는 참 사교적이고 활동적이야.

03 I really appreciate your being so flexible. 융통성 있게 처리해 주셔서 정말 감사합니다.

04 He tends to brag about himself. 그는 스스로에 대해 허풍을 치는 경향이 있어.

05 You are not supposed to divulge the secret. 그 비밀을 누설하면 안 돼. Keep it to yourself. 너만 알아둬.

06 He is talkative. 그는 말이 많아.

01 reticent 과묵한

02 introverted 내성적인

03 shy 수줍은, 수줍어하는

04 confidence 자신감

05 modest 겸손한

06 easygoing 무사태평한

07 pessimistic 비관적인

08 pride 자존심

09 hardworking 부지런한

---

01 He is reticent and doesn't talk much. 그는 과묵하고 말을 많이 하지 않아.

02 He is introverted and enjoys reflecting. 그는 내향적이며 사색을 즐겨. **03** Don't be shy. 수줍어하지 마.

04 Don't lose confidence in yourself! 네 자신에 대한 믿음을 잃지 마! **05** Don't be so modest. 지나친 겸손이십니다.

06 My brother is an easygoing person by nature. 내 형은 성격이 무사태평해.

07 Abandon a pessimistic view of life. 비관적인 인생관을 버려. **08** Take pride in yourself. 자존심을 가져.

09 He's really hardworking like an eager beaver. 그는 일벌레처럼 부지런해.

❶ impatient 조급해 하는

❷ tenacious 집요한

❸ prejudice 편견

❹ stern 엄한

❺ broad-minded 너그러운

❻ stubborn 고집 센

❼ narrow-minded 옹졸한

❶ Don't be impatient with yourself. 스스로에게 너무 조급해 하지 마.

❷ I've never seen such a tenacious man as you. 너처럼 질긴 사람은 처음 봤어.

❸ Cast away your prejudice against me. 나에 대한 편견을 버려.

❹ I was brought up in a stern family. 난 엄격한 가정에서 자랐어.

❺ He's quite a broad-minded person. 그는 정말 마음이 넓은 사람이야.

❻ My husband is as stubborn as a mule. 내 남편은 성격이 황소고집이야.

❼ He's not flexible but narrow-minded. 그는 융통성이 있기는커녕 편협해.

다양한 감정표현들

aggresive
공격적인

anxious
걱정스러운

arrogant
거만한. 건방진

bashful
수줍어하는

blissful
행복한. 기쁨에 찬

cautious
주의 깊은
조심성 있는

confident
자신만만한
자신 있는

demure
침착한. 차분한

determined
단호한. 결심한

disgusted
역겨운. 정 떨어진

enraged
격분하는

frightened
깜짝 놀란

hungover
술 취한

idiotic
바보의

innocent
순수한

miserable
슬픈. 비참한

obstinate
완고한

pained
아픈

prudish
새침떠는

regretful
뉘우치는

Satisfied
만족한

Sheepish
겁 많은
매우 수줍어하는

Smug
잘난 체 하는

Suspicious
의심이 많은
의심스러운

indecisive
우유부단한
미적지근한

05

솔직히 말하면 그거 거짓말이야

① morality 도덕

② honest 정직한

③ polite 정중한

④ white lie 악의 없는 거짓말

⑤ contemptible 경멸스러운

⑥ insidious 교활한, 음흉한

⑦ impolite 무례한

---

① Morality has lost its hold on the people. 도덕이 땅에 떨어졌어.

② To be honest, I'm very upset with him. 솔직히 말해서, 그에게 화가 나.

③ The waiter is always polite to customers. 그 웨이터는 항상 손님들에게 정중해. **④** A white lie is still a lie. 선의의 거짓말도 거짓말이야.

⑤ Don't mix with a contemptible man. 경멸스러운 사람과는 어울리지 마.

⑥ He seems to be an insidious man. 그는 음흉한 사람인 것 같아.

⑦ I was very angry at the child's impolite behavior. 그 아이의 무례한 행동에 매우 화가 났어.

03

생활과
여행

01

주택

문덕이의 집을 공개합니닷

① **mansion** 커다란 저택

② **skyscraper** 초고층건물

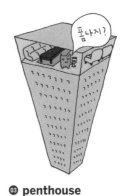

③ **penthouse**

초호화 옥상주택, 성인용 잡지 이름

④ **attic** 다락방

⑤ **barn** 헛간

⑥ **hideout** 아지트

① He spent millions of dollars on the mansion. 그는 그 대저택을 구입하는데 수백만 달러를 썼어.

② This is the tallest skyscraper in the world. 이건 세계에서 가장 높은 초고층 건물이야.

③ The actress lives in a penthouse in Hongkong. 그 여배우는 홍콩에 있는 펜트하우스에 살아.

④ I found my diary in the attic. 다락방에서 내 일기를 발견했어.

⑤ My dog is feeding the puppies in a barn. 우리 개는 헛간에서 새끼 강아지들에게 젖을 먹이고 있어.

⑥ The police are searching their hideout. 경찰은 그들의 아지트를 수색중이다.

① **coffee table** 탁자 ② **sofa/cough** 소파 ③ **loveseat** 2인용 의자 ④ **armchair** 안락의자
⑤ **throw pillow** 장식용 쿠션 ⑥ **drapes/curtains** 커튼 ⑦ **lamp** 스탠드 ⑧ **end table** 작은 탁자
⑨ **rug** 러그(양탄자) ⑩ **floor** 마루, 바닥 ⑪ **fireplace** 벽난로 ⑫ **painting** 액자그림

① **fense** 울타리 ② **mailbox** 우편함 ③ **garage** 차고 ④ **garage door** 차고 문
⑤ **driveway** (도로에서 차고까지의) 차도 ⑥ **shutter** 덧문 ⑦ **porch light** 현관 등 ⑧ **doorbell** 현관 벨
⑨ **front door** 현관입구 ⑩ **storm door** 유리 끼운 덧문(방풍문) ⑪ **steps** 계단 ⑫ **front walk** 집 앞 보도
⑬ **front yard** 앞마당 ⑭ **window** 창문 ⑮ **roof** 지붕 ⑯ **chimney** 굴뚝 ⑰ **TV antenna** TV 안테나

033

① **cabinet/cupboard** 찬장[벽장], 캐비닛　② **paper towels** 종이타월　③ **dish drainer** 식기건조대

④ **dishwasher** 식기세척기　⑤ **sink** 싱크대　⑥ **toaster** 토스터　⑦ **coffee maker** 커피메이커

⑧ **freezer** 냉동칸(냉동기)　⑨ **refrigerator** 냉장고　⑩ **microwave (oven)** 전자레인지　⑪ **pot** 깊은 냄비

⑫ **stove** 스토브, 풍로　⑬ **burner** 버너　⑭ **oven** 오븐　⑮ **teakettle** 찻주전자　⑯ **frying pan** 프라이팬

⑰ **(electric) mixer** 믹서, 혼합기　⑱ **food processor** 만능 식품가공기　⑲ **cutting board** 도마　⑳ **knife** 칼

㉑ **rice cooker** 밥솥　㉒ **wash the dishes** 설거지를 하다　㉓ **feed the cat/dog** 고양이/개에게 먹이를 주다

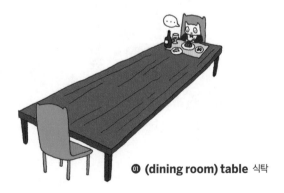

❶ **(dining room) table** 식탁

❶ The dining room table is made of wood. 그 식탁은 나무로 만들어졌어.

01 bookshelf 책꽂이

02 built-in wardrobe 붙박이 옷장

03 balcony 발코니, 베란다

04 desktop computer 책상용 컴퓨터

05 pagoda (사찰의) 탑

06 under construction 공사 중

07 Potluck dinner 음식을 준비해가는 파티

08 Surprise party 주인공 모르게 준비하는 파티

01 There isn't any book on the bookshelf. 책꽂이에 책이 하나도 없어.

02 The built-in wardrobe is shut tight. 그 붙박이장은 굳게 닫혀있어.

03 There is an armchair in the balcony. 베란다에는 안락의자가 있어.

04 I bought a new desktop computer yesterday. 나는 어제 새 책상용 컴퓨터를 샀어.

05 The temple is famous for the ancient stone pagoda. 그 절은 오래된 석탑으로 유명해.

06 The road is under construction. 그 도로는 공사 중이야.

07 We are going to hold a potluck dinner. 우리는 각자 음식을 준비해 오는 파티를 열 예정이야.

08 We threw a surprise party last night. 우리는 지난밤에 깜짝 파티를 열었어.

02

의복

옷에 대해 궁금했던 몇 가지

01 evening dress 이브닝 드레스

wear
(특별한 목적의) 옷

Suit
정장

costume
전통의상

uniform
제복

cocktail dress 칵테일 드레스

nice dress~

02 dress 원피스

올 상반기 유행 디자인이에요.

03 naked 벌거벗은

04 gaudy 야한

이거 집에서 남는 천인데 필요하면 가져가요.

---

01 She is dressed in an evening dress. 그녀는 이브닝드레스를 입고 있어.

02 The yellow dress fits the lady. 그 노란색 원피스는 그녀에게 사이즈가 딱 맞아.

03 The naked man flung his clothes on. 그 나체인 남자는 급히 옷을 걸쳤어. **04** The clothes are too gaudy. 그 옷은 너무 야해.

01 pullover (머리부터 입는) 스웨터 **02 stockings** 스타킹 **03 stain** 얼룩

04 ironing 다림질

05 stylish 맵시 있는, 멋진 **06 wash your hair** 머리감다 **07 unkempt** 머리가 헝클어진

① **undershirt** 속옷 상의 ② **briefs** 삼각팬티(남성용) ③ **boxer shorts/bozers** 사각팬티 ④ **socks** 양말

⑤ **bra** 브레이지어 =brassiere ⑥ **panties/underwear** 팬티(여성용) ⑦ **camisole** 캐미솔 ⑧ **girdle** 거들

⑨ **full slip** 긴 슬립 ⑩ **half slip/petticoat** 속치마 ⑪ **garter belt** 가터벨트 ⑫ **pantyhouse** 팬티스타킹

⑬ **kneesocks** 무릎 양말

01 This pullover is too loose for me. 이 스웨터는 나한테 너무 커. **02** You've got a run in your stockings. 너 스타킹 올이 풀렸어.

03 You should remove stain from your clothes. 너 옷 얼룩을 지워야 해.

04 Be careful not to scorch your shirt in ironing. 다리미질할 때 셔츠 태우지 않게 조심해.

05 Wow! You look really stylish. 오, 너 정말 멋져 보여. **06** Why don't you wash your hair more often? 머리를 좀 더 자주 감지 그래?

07 You're so unkempt. 너 머리가 너무 헝클어졌어.

03

음식

먹는 단어 없이 영어를 논하지 말라

01 food 음식

02 diet 규정식, 식이요법

03 sweet 단

04 sour 신

05 luscious 향긋한, 맛있는

06 hot 매운

07 starve to death 굶어죽다, 아사하다

08 herb doctor 한의사

01 Here's special food only for you. 당신만을 위한 특별한 음식입니다.　**02** She is on a diet. 그녀는 다이어트 중이야.

03 I have a sweet tooth. 난 단 것 좋아해.　**04** This orange tastes rather sour. 이 오렌지 약간 셔.

05 The peaches are lush and luscious. 그 복숭아들은 싱싱하고 맛있어.　**06** This dish is too hot to eat. 이 요리는 너무 매워서 먹을 수가 없어.

07 I'm starving to death. 배가 고파 죽겠어.　**08** The herb doctor took my pulse. 한의사께서 내 맥을 짚으셨어.

01 recipe 조리법

02 deliver 배달하다

03 appetizer 전채, 애피타이저

04 wash 헹구다

05 leftovers 남은 음식

06 macerate 불리다

07 spill the food 음식을 흘리다

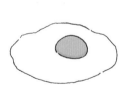

① Sunny-side up
반숙 달걀프라이

② over hard
한쪽만 익힌 달걀프라이

③ Soft-boiled egg
반숙 달걀

④ scrambled
스크램블

---

01 Would you mind sharing your recipe? 조리법을 알려줄 수 있으세요? **02** Do you deliver? 배달되나요?

03 What should we order for an appetizer? 애피타이저로 무얼 주문해야 할까? **04** Can you wash the rice? 쌀 좀 씻어줄래?

05 Can you pack the leftovers, please? 남은 음식 좀 싸주세요. **06** Leave it to macerate for 1 hour. 한 시간 동안 물에 불려.

07 Be careful not to spill the food. 음식을 흘리지 않도록 조심해.

① market 시장

② produce section 농산물 판매대

③ fat 비계

① **meat** & **poultry section** 육류 & 가금류 코너   ② **shopping cart** 쇼핑카트   ③ **canned goods** 통조림제품
④ **aisle** 통로   ⑤ **baked goods** 제과류   ⑥ **dairy section** 유제품   ⑦ **shopping basket** 쇼핑바구니
⑧ **produce section** 농산품 코너   ⑨ **pet foods** 애완동물식품   ⑩ **frozen foods** 냉동식품

❶ My mom goes to market twice a week. 우리 엄마는 일주일에 두 번 장을 보러가셔.

❷ The produce section is downstairs. 농산품 코너는 아래층에 있어.   **❸** Could you trim the fat off the meat? 비계는 빼 주실래요?

01 strawberry 딸기

02 delicatessen 조제 식품

· onion 양파　· sesame leaf 깻잎

· unripe red pepper 풋고추

⑪ **baking products** 제과/재빵 재료　⑫ **paper products** 종이제품(휴지 등)　⑬ **beverages** 음료

⑭ **snack foods** 스낵　⑮ **cash register** 금전등록기　⑯ **checker** 금전출납원

⑰ **express checkout line** 빠른 계산대　⑱ **paper bag** 종이백　⑲ **plastic bag** 비닐백

01 This strawberry tastes wonderful. 이 딸기는 맛이 끝내줘.

02 I dropped by a deli on my way back home. 집에 돌아오는 길에 조제 식품 판매점에 들렀어.

01 eat out 외식하다

02 make a reservation 예약하다

03 to go 가지고 가다

04 order 주문하다

05 well-done 완전히 익힌

06 hangover 숙취

07 heavy drinker 술고래

08 black out 필름이 끊기다

09 quit drinking 술을 끊다

01 How often do you eat out? 얼마나 자주 외식을 해?

02 I'll call the restaurant and make a reservation. 내가 그 식당에 전화를 해서 예약을 할게.

03 Here or to go? 여기서 드실 거예요. 가지고 가실 거예요? **04** Are you ready to order? 주문하시겠어요?

05 I'd like it well-done. 중간 정도로 익혀 주세요. **06** I have a terrible hangover. 숙취가 심해.

07 He used to be a heavy drinker. 그는 한때 술고래였어 **08** I blacked out. 나 완전 필름 끊겼어.

09 He has decided to quit drinking. 그는 술을 끊기로 결정하셨어.

04

쇼핑

이건 사야 해! 쇼핑이 젤 좋아~

01 clearance sale 떨이판매

02 size 사이즈

03 duty free shop 면세점

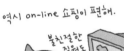

04 on-line 온라인으로

05 fixed price 정찰가

06 convenience store 편의점

01 Our shop is having a clearance sale. 우리 가게는 떨이판매 중입니다.

02 Do you have this in my size? 이걸로 저한테 맞는 사이즈 있어요?　**03** I'll buy a bag at a duty free shop. 면세점에서 가방을 살 거야.

04 You can also buy it on-line. 그것은 온라인으로도 구입할 수 있어.

05 Every article is sold at a fixed price. 모든 품목은 정찰가로 팔아요.

06 Where is the nearest convenience store? 가장 가까운 편의점은 어디야?

05

스포츠와 레저

어떤 운동을 하고 계십니까

① exercise 운동

② morning walk 아침산책

③ suntan 선탠

④ walking marathon 경보

⑤ scuba diving 스쿠버다이빙

⑥ roller skating 롤러스케이트

⑦ soccer 축구

① You should get regular exercise to stay healthy. 건강하려면 규칙적으로 운동하셔야 해요.

② I take a morning walk everyday. 나는 매일 아침 산책을 해. ③ I want to get a suntan this summer. 올 여름에 선탠을 하고 싶어.

④ Walking marathon is not an easy sport. 경보는 쉬운 운동이 아니야.

⑤ I went scuba diving for the first time. 나는 난생 처음으로 스쿠버다이빙을 하러 갔어.

⑥ Let's go roller skating at the park. 공원으로 롤러스케이트 타러 가자. ⑦ I play soccer almost everyday. 나는 거의 매일 축구를 해.

06

여행

지구는 넓어도 세계는 좁다

① **hunt** 보물찾기

② **field trip** 수학여행

③ **go backpacking** 배낭여행 가다

④ **voyage** 항해

⑤ **cruise tour** 크루즈여행

⑥ **historic site** 유적지

① After lunch, we're going to play treasure hunt games. 점심 이후에 보물찾기 게임을 할 예정입니다.

② We went on a field trip to a museum. 우리는 박물관으로 현장학습을 갔어.

③ I'm going backpacking this summer. 이번 여름에 배낭여행 갈 거야.

④ I felt seasick during the voyage. 나는 항해 동안에 배멀미를 했어.

⑤ We met each other on cruise tour. 우리는 크루즈여행 중에 만났어.

⑥ There are many historic sites in this region. 이 지역에는 유적지가 많아.

① vagabond 방랑자

② globalization 세계화

③ hotel 호텔

④ aisle seat 통로좌석

⑤ immigration 입국심사

⑥ landing 착륙

⑦ security check 보안 검색

⑧ baggage claim area 수하물 찾는 곳

---

① He lived a vagabond life. 그는 떠돌이 생활을 했어.

② Globalization unites us in one world. 세계화는 우리를 하나의 세계로 통합시킨다.　**③** Did you reserve a hotel? 호텔 예약했어?

④ Would you prefer a window or an aisle seat? 창가석이 좋으세요, 통로석이 좋으세요?

⑤ Would you fill out this immigration form? 이 출입국 신고서를 작성해 주시겠습니까?

⑥ Our plane made a safe landing. 우리 비행기는 무사히 착륙했어.

⑦ You must go through a security check. 보안 검색대를 통과해야 해.

⑧ Where is the baggage claim area? 수하물 찾는 곳이 어디죠?

01 clear customs 세관을 통과하다　　　　**02 check in** 체크인, 체크인하다

03 exchange 환전하다　　**04 confirm a reservation** 예약을 확인하다　　**05 American breakfast**
미국식 아침식사

06 automatic ticketing machine 자동 티켓 판매기　　**07 subway** 지하철

01 Where should I go to clear customs? 통관 수속을 하려면 어디로 가야 하나요?　**02** I've checked in at the hotel. 호텔에 체크인을 했어.

03 I'd like to exchange these bills for U.S. dollars. 이 지폐를 미국 달러로 환전하고 싶습니다.

04 I confirmed the reservation at the hotel. 호텔 예약 확인 했어.

05 I want to have an American breakfast. 미국식 아침 식사를 주세요.

06 The automatic ticketing machine is out of order. 그 자동 티켓 판매기는 고장 났어.

07 I'll get off the subway at the next station. 다음 역에서 지하철에서 내릴 거야.

① **Laundromat** 동전 빨래방　② **drugstore/pharmacy** 약국　③ **convenience store** 편의점

④ **photo shop** 사진현상소　⑤ **parking space** 주차장　⑥ **traffic light** 신호등　⑦ **pedestrian** 보행자

⑧ **crosswalk** 횡단보도　⑨ **street** 거리　⑩ **curb** 보도의 연석　⑪ **newsstand** 신문[잡지] 판매점

⑫ **mailbox** 우체통　⑬ **drive-tru window** 드라이브스루 윈도우(차를 타고 주문하는 곳)

⑭ **fast food restaurant** 패스트푸드점　⑮ **bus** 버스　⑯ **bus stop** 버스정류장　⑭ **corner** 코너(모퉁이)

⑱ **parking meter** 주차시간 자동 표시기　⑲ **motorcycle** 오토바이　⑳ **cafe** 카페

㉑ **public telephone** 공중전화　㉒ **streetlight** 가로등　㉓ **dry cleaner** 세탁소　㉔ **sidewalk** 인도

㉕ **fire hydrant** 소화전　㉖ **sign** 표지판　㉗ **street vendor** (길거리의) 노점상인　㉘ **cart** 손수레

영어는 잘하고 싶은데
열심히 하고 싶진 않아

영어는 잘하고 싶은데 열심히 하고 싶진 않아

초판 발행 2020년 1월 30일
2쇄 발행 2020년 3월 10일

지은이 문덕 / **펴낸이** 김태헌
총괄 임규근 / **기획 · 편집 · 교정교열** hart / **디자인** 천승훈 / **일러스트** 스노우캣
영업 문윤식, 조유미 / **마케팅** 박상용, 손희정, 박수미 / **제작** 박성우, 김정우

펴낸곳 한빛라이프 / **주소** 서울시 서대문구 연희로2길 62 한빛빌딩
전화 02-336-7129 / **팩스** 02-325-6300
등록 2013년 11월 14일 제25100-2017-000059호
ISBN 979-11-88007-48-6 13740

한빛라이프는 한빛미디어(주)의 실용 브랜드로 우리의 일상을 환히 비추는 책을 펴냅니다.

이 책에 대한 의견이나 오탈자 및 잘못된 내용에 대한 수정 정보는 한빛미디어(주)의 홈페이지나 아래 이메일로
알려 주십시오. 잘못된 책은 구입하신 서점에서 교환해 드립니다. 책값은 뒤표지에 표시되어 있습니다.
한빛미디어 홈페이지 www.hanbit.co.kr / **이메일** ask_life@hanbit.co.kr
페이스북 facebook.com/goodtipstoknow / **포스트** post.naver.com/hanbitstory

지금 하지 않으면 할 수 없는 일이 있습니다.
책으로 펴내고 싶은 아이디어나 원고를 메일(**writer@hanbit.co.kr**)로 보내 주세요.
한빛라이프는 여러분의 소중한 경험과 지식을 기다리고 있습니다.

영어는
잘하고
싶은데

열심히
하고 싶진
않아

문덕 지음 · 스노우캣 그림

IB 한빛라이프

머리글

살다 보면 간혹 '운수 좋은 날'이 오기도 합니다. 제게 『웃지마! 나 영어책이야』는 그런 책이었습니다. 물론 그 안에는 제 강의를 함께 했던 수많은 학생들과 원고의 완성도를 높이는 데 함께 했던 분들의 노력이 담겨있지요. 그리하여 『웃지마! 나 영어책이야』는 국내 베스트셀러를 넘어 중국, 일본, 대만, 태국에까지 수출하여 해외에서도 큰 사랑을 받았습니다.

그리고 책이 출간된 지 벌써 십 년이 훌쩍 지났습니다. 그 시간 동안 참 많이 변했지요. 하지만 변하지 않은 건 영어에 대한 갈증 아닐까요. 어학 학습에도 첨단 기술이 들어오고 다양한 학습 플랫폼도 등장하며 발전하고 있지만, 여전히 영어를 잘하고 싶어 하는 학습자들이 많은 것을 보면 언어는 기술보다도 언어 학습에 대한 재미를 느껴야 한다는 생각이 들어요. 그리고 우리의 영어 학습도 아이가 모국어를 습득하는 것처럼 자연스럽게 차근차근 한 단계씩 성장해야 하는 것 같아요. 그렇기에 『웃지마! 나 영어책이야』가 지금의 영어 학습자에게도 꼭 필요한 책이라 생각했습니다.

영어에 대한 부담감을 살짝 내려놓고 동화책을 읽듯 부담 없이 이 책을 읽다 보면 영어에 대한 재미는 물론, 이야기 속에서 자연스럽게 영어를 접할 수 있습니다. '단어'는 언어를 이루는 세포와 같습니다. 영어도 마찬가지죠. 영어에서 가장 기초적이고 필수인 영단어를 주입식으로 마구 외우려 하지 말고 이 책으로 자연스럽게 우리의 뇌 속에 자리 잡게 해봅시다. 이번 개정판은 예전의 『웃지마! 나 영어책이야』의 스토리를 보다 요즘에 맞게 바꾸고 예문과 단어를 교체, 추가하였습니다.

영어 공포증이 있는 학습자에게 다음의 영어학습 팁을 꼭 실천해보라고 얘기하고 싶어요. 바로 '소리 내 발음하기'입니다. 저는 강단에서도 학생들에게 발음을 강조하는 편인데요, 결코 영어 말하기의 관점에서만은 아닙니다. 발음은 영단어를 외우는 데 필수적인 암기코드입니다. 발음을 안다는 것은 입 밖으로 그 소리를 낼 수 있는 인지적 준비 자세를 말합니다. 암기도 잘 되고 외운 단어도 오래 기억에 남죠. 그래서 이 책의 스토리 하단에는 발음기호를 넣어두었는데요, 이 발음을 참고해서 반드시 단어를 입으로 소리 내어 읽기를 추천합니다.

그리고 마지막으로 전하고 싶은 얘기는, 언어 학습은 그 사람의 지능과 출생 배경에 좌우되지 않고 고르고 평등하다는 것입니다. 다소 속도의 차이는 있지만, 누구나 잘할 수 있다는 것을 잊지 말아 주세요. 외국에서 배워야, 비싼 학원에 다녀야만 하는 것은 아닙니다. 자신에게 흥미 있는 소스를 찾아 조금이라도 꾸준히 한다면 언어는 결코 여러분을 배신하지 않을 것입니다. 이 책이 영어의 재미를 찾고 영어학습에 도움이 되었으면 하는 바람입니다.

많은 시간이 흐른 뒤에 제게 '시간 여행자'가 될 기회를 준 한빛라이프에 깊은 감사를 드립니다. 그리고 스노우캣의 권윤주 작가께도 감사를 드립니다. 또한 오랜 시간동안 저의 저작 활동에 함께 해 온 김화정 님께 깊은 우정과 감사를 드립니다.

2020년 1월 문덕

이 책의 특징

누구나 끝까지 읽을 수 있는 영어책

이제껏 끝까지 본 영어책이 한 권도 없다고요? 더군다나 영단어 책은 더 어렵죠. 조금 공부하다가도 돌아서면 다 잊어버려서 진도가 나가지 않고, 잘 외워지지도 않고요. 그래서 매번 포기했던 영단어를 이 책이 해결해드립니다. 외울 생각 말고 그냥 재미있게 읽기만 하세요. 쉽게 책장을 넘기는 동안 무려 1천 개에 달하는 단어들이 자동으로 암기가 됩니다.

- 필수 영단어를 재미있는 이야기에 녹여 넣어 읽기만 해도 단어가 외워진다.
- 재미있는 이야기와 스노우캣의 일러스트로 페이지가 저절로 넘어간다.

읽기만 해도 실력이 되는 영단어책

'난 단어가 부족해서 영어가 안 돼'라고 생각하는 분들 많죠? 필요할 때 영단어가 딱 떠올라야 하는데 가물가물해서 입 밖으로 나오지 않잖아요. 단순히 단어만 외웠기 때문이에요. 이 책은 인체에서 의식주 생활까지 우리 주변 환경을 파노라마식으로 따라가는 이야기 구성으로 되어 있어서 핵심 단어들을 체계적으로 알게 되고, 연상기억이 자극되어 의미가 오래 기억됩니다.

- 공부하는 것 같지도 않은 만큼 쉽고 재미있다 보니 이 책 한 번 떼는 건 우습다. 2번, 3번, 10번도 보게 된다.
- 휘리릭 이야기를 읽은 후, 책 속의 〈단어암기 노트〉를 활용해보자. 잘 정리된 단어 노트를 보며 이야기 속 단어를 떠올리며 복습한다.

영단어 전문가 문덕이 엄선한
'온 국민 교양영단어' 1천 개 총집합

영단어 분야의 독보적인 스테디셀러 『MD VOCABULARY 33000』의 저자이자 영단어 전문가 문덕 선생이 1천 개의 필수 단어를 가려 뽑았습니다. 영어를 제대로 쓰고 싶다면 꼭 알아야 할 '온 국민 교양영단어'입니다. 중학생, 고등학생, 대학생, 직장인도 그저 재미있게 즐겨주세요. 토플 수준의 어휘력이 읽는 것만으로도 만들어집니다.

• 〈인간과 생물〉부터 〈감정과 성격〉, 그리고 〈생활과 여행〉까지 1천 개의 단어를 체계적으로 담았다.
• 생활 속의 필수 단어뿐만 아니라, 각종 시험에 자주 등장하는 단어까지 망라했다.

학습효과가 두 배되는 음원과 별책 제공

책에 수록된 주요 단어를 원어민의 정확한 발음으로 확인할 수 있도록 MP3 파일을 제공합니다. 암기나 훈련용으로 다양하게 활용해보세요. 그리고 가지고 다니며 학습할 수 있도록 책 속의 일러스트, 필수 단어, 실용 예문을 따로 모아 〈별책〉을 만들었습니다. 너무 예뻐서 자꾸 들여다보게 되고 계속 들여다보다 실력이 업그레이드되는 매력적인 미니책입니다.

• MP3파일은 〈단어암기 노트〉의 모든 메인 단어와 〈별책〉의 단어와 예문을 수록했다.
• MP3파일은 www.hanbit.co.kr/engwell2 혹은 QR코드를 스캔해 사용할 수 있다.

목차
CONTENTS

01

인간과 생물

01

인간과
생물

01 사람의 몸

머리에서 발끝까지
네 모든 걸 알고 싶어

모든 생명 life 은 **cell** 세포 로 이루어져 있어요. 세포 속은 제가 시력이 별로 안 좋아서인지 잘 안 보이더라구요. ^^ 현미경만 있으면 **chromosome** 염색체 을 볼 수 있을 텐데 말이죠. **gene** 유전자 도 보이려나? 갸우뚱.

cell이 모여서 **tissue** 조직 를 이루고, tissue가 모여서 **organ** 기관 이 돼요. 우리 몸에는 일렬로 늘여보면 10만여 킬로미터나 되는 **blood vessel** 혈관 이 있어요. 이 길이는 지구를 두 바퀴 반 정도를 두를 수 있는 길이라고 해요. 심장에서 피가 나가는 혈관을 **artery** 동맥 라고 하고, 심장으로 피가 들어오는 혈관을 **vein** 정맥 이라고 해요. 이처럼 우리 몸에는 여러 가지 신체 기관이 있는데, 어떤 것들이 있는지 우리 몸의 윗부분부터 출발~.

• You can observe human cells through a microscope. 현미경으로 인간 세포를 관찰할 수 있어.

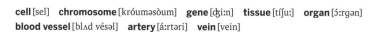

cell [sel]　**chromosome** [króuməsòum]　**gene** [ʤi:n]　**tissue** [tíʃu:]　**organ** [ɔ́:rgən]
blood vessel [blʌd vésəl]　**artery** [á:rtəri]　**vein** [vein]

얼굴

설마 **head** 머리 가 없는 사람은 없겠죠? 물론 머리에 **hair** 머리털 가 없는 사람들은 있지만. 머리는 딱딱한 두개골 속에 **brain** 뇌이 있죠. **cerebral**이라고 하면 '뇌의'라는 뜻의 형용사 기 돼요. **cerebral death**는 종종 사회적으로 이슈가 되 기도 하는 '뇌사'란 뜻이구요.

머리에서 살짝 내려오면 **forehead** 이마 가 기다리고 있습니다. 자꾸 인상 쓰면 **wrinkle** 주름 이 많이 생겨요~. 그런데 저는 인상은 안 쓰지만 자꾸 눈웃음을 쳐 서 큰일이에요. 눈가에 주름이 자글자글~. 어쩌겠어요, 눈웃음은 아버지한테 물 려받은 유산 legacy 인 걸요. 호호호.

crow's feet
'눈 가장자리의 주름'을 뜻하는 데, 까마귀 발처럼 주름이 잡히는 데서 유래한 표현이에요.

• Moon-duk wears a smile in his eyes. 문덕은 눈웃음을 쳐.

이마 아래 작은 수풀이 우거져 있죠? 그걸 **eyebrow** 눈썹 라고 해요. eye와 brow 가 합해졌으니, 말 그대로 '눈의 이마'네요. 말 되지 않나요? 눈썹 바로 아래에 위아래로 열심히 깜빡거리는 blink 놈이 바로 **eyelid** 눈꺼풀 입니다. 한쪽 **eye** 눈만 깜빡이는 것을 **wink** 윙크 한다고 하죠.

• She winked at me. 그녀가 나에게 윙크를 보냈어.

---

head [hed]　**hair** [hɛər]　**brain** [brein]　**cerebral** [sərí:brəl]　**cerebral death** [sərí:brəl deθ]
forehead [fɔ́:rhèd]　**wrinkle** [ríŋkl]　**eyebrow** [áibràu]　**eyelid** [áilid]　**eye** [ai]　**wink** [wiŋk]

저보고 **double (fold) eyelid** _{쌍꺼풀} 수술했냐고 묻는 사람이 간혹 있는데, 자연산_{natural} 입니다. 제 친구는 **eyelash** _{속눈썹}가 눈을 찔러서 쌍꺼풀 수술을 했어요. 저는 돈 벌었네요.

그 다음은 **nose**_코! **breathe** _{숨쉬다} 하느라 한시도 쉴 틈이 없죠. 코 아래에 작게 뚫려 있는 동굴이 바로 **nostril** _{콧구멍} 이에요. 친구의 nostril에서 물이 계속 흘러 나오면 이렇게 말하세요. "You have a runny nose. Blow your nose." _{콧물이 줄 줄 나네. 코 좀 풀어라.} 저는 심심하고 따분하면 저도 모르게 (정말로 무의식 적으로) 코를 파게 돼요. 그럴 때면 아내가 "Don't pick your nose." _{코 파지 마.} 라고 해요.

snub nose 들창코
strawberry nose 딸기코
aquiline nose 매부리코

snub nose   Strawberry nose   aquiline nose

코에서 **cheek**_뺨을 지나서 옆으로 가면 **ear**_귀가 나오죠. 귀와 연관된 단어로는 '귀가 먹은, 청각 장애가 있는'이라는 뜻의 deaf와 '귓볼'의 뜻인 earlobe, '귓구멍'의 뜻인 earhole 이 있답니다.

double (fold) eyelid [dʌ́bl (fould) áilid]   **eyelash** [áilæʃ]   **nose** [nouz]   **breathe** [bri:ð]
nostril [nástrəl]   **cheek** [tʃi:k]   **ear** [iər]

아~ 얼굴에 뭐가 이리 많은 건가요. 헉! **facial hair** 수염 를 빠뜨렸네요. **moustache** 콧수염 를 한번 길러보세요. 아니면 차라리 **jaw** 턱 에 **beard** 턱수염 를 기르는 건 어때요? 그것도 아니면 엘비스 프레슬리 Elvis Presley 처럼 **sideburns** 구레나룻 를!!!

Milk moustache

자! 이제 밥 먹을 때 쓰는 **mouth** 입 로 가봅시다. mouth는 '입'이라는 뜻의 명사구요, '입의'라는 뜻의 형용사는 **oral**이에요. 입을 감싸고 있는 울타리가 바로 **lip** 입술 이죠. 입 안으로 들어가면 우선 **tongue** 혀 이 보여요. **teeth** 이 와 **gums** 잇몸 도 있구요. 이가 빠지면 **implant** 임플란트 나 **dentures** 틀니 를 하게 되죠.

저는 사랑니가 love teeth인 줄 알았는데, 알고 보니 **wisdom teeth** 더군요. 사람이 지혜로워질 때쯤에 나오는 이가 사랑니인가 봐요. 그렇다고 "내 이 다 사랑니 할래요~."라고 하는 사람! 제발 참으세요.

사랑니 님...

• I cut a wisdom tooth. 사랑니가 났어.

• I had a wisdom tooth pulled (out). 사랑니를 뽑았어.

teeth가 복수형이야
tooth의 복수형은 teeth예요. tooths가 아니라는 것에 주의하세요.

송곳니는?
송곳니를 영어로는 canine teeth 라고 하는데요, 여기서 canine은 '개과의'라는 뜻이에요. 우리나라에서도 송곳니를 견치라고 하듯이 영어에서도 마찬가지네요. 육식동물이 송곳니가 발달해서 그런가 봐요.

facial hair [féiʃəl hɛər]   **moustache** [mʌ́stæʃ]   **jaw** [dʒɔː]   **beard** [biərd]   **sideburns** [sáidbə̀ːrnz]
mouth [mauθ]   **oral** [ɔ́ːrəl]   **lip** [lip]   **tongue** [tʌŋ]   **teeth** [tiːθ]   **gums** [gʌmz]
implant [implǽnt]   **dentures** [déntʃər]   **wisdom teeth** [wízdəm tiːθ]

한 가지만 더! 어금니가 영어로 뭐 게요? 몰라? 오올~ 그렇게 어려운 걸 맞추다니! 정답입니다. **molar**예요. 신기하죠. "너무 안쪽에 있어서 몰라~."

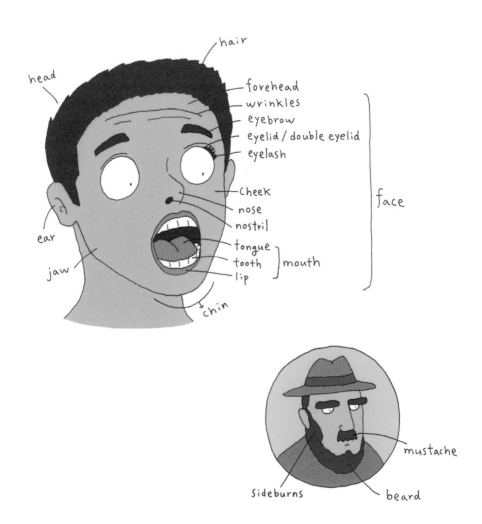

molar [móulər]

자! 이제 입을 열고 입속으로 본격적인 동굴 탐사를
떠나봅시다. 혀 안쪽으로 가다보니 **tonsils** 편도선
가 **throat** 목구멍 입구에 떡 버티고 있네요.
이거 뭐 동굴의 종유석도 아니고 왜 툭 튀어나와 있는
걸까요? 너무 큰 음식이 못 들어오게 하려고 세운
검문소 check point 같은 거 아닐까요? 우리가 의사
도 아니니, 전문용어 냄새가 덜 나는 것만 챙겨
보자구요. 흔히 우리가 오장육부라고 하죠?
여기서 오장은 **heart** 심장, **liver** 간, **lungs** 폐,
kidneys 신장, **spleen** 비장 을 가리켜요. 다들
우리 생명에 **vital** 필수적인 한 것들이죠.

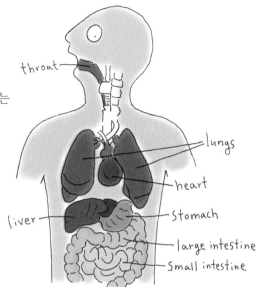

신체 장기 중에서 **stomach** 위가 얼마나 중요한지 알죠? 위는 음식을 **digest**
소화하다 해서 영양분을 온몸에 공급해주느라 고생하는 곳이니까요. 이런 기관을
alimentary organ 소화기관 이라고 해요. 먹고 나서 잘 체하거나 소화가 안 되면
이렇게 표현하세요. "I'm suffering from indigestion." 소화가 잘 안 돼.

창자를 영어로 **bowels** 또는 intestines라고 해요. 크게 두 가지, 즉 **small
intestine** 소장 과 **large intestine** 대장 으로 나뉘구요. 우리가 알고 있는 '맹장'
은 엄밀하게 말하면 '충수'라고 하는데, **appendix**라고 하죠. appendix는
책의 '부록'을 뜻하기도 하는데 둘 다 주요한 부분에 살짝 덧붙어 있다는 것이
공통점이네요. 대장 맨 끝에 세상으로 나가는 출구가 바로 **anus** 항문 죠. 그냥

어근 pend '매달다'
어근 pend는 '매달리다(hang)'라
는 뜻이에요. 그래서 appendix
는 pend와 방향(to)을 나타내는
ad-가 합쳐져서 옆에 매달리는
것, 즉 '부록, 충수'를 의미하게 됩
니다.

tonsils [tánsilz]　**throat** [θrout]　**heart** [haːrt]　**liver** [lívər]　**lungs** [lʌŋz]　**kidneys** [kídniz]
spleen [spliːn]　**vital** [váitl]　**stomach** [stʌ́mək]　**digest** [didʒést]
alimentary organ [æ̀ləméntəri ɔ́ːrgən]　**bowels** [báuəlz]　**small intestine** [smɔːl intéstin]
large intestine [laːrdʒ intéstin]　**appendix** [əpéndiks]　**anus** [éinəs]

ass라고 부르기도 해요. 나갈 때 우렁찬 소리를 내면 그게 바로 **break wind** 방귀 뀌다 하는 거예요.

상반신

아까 입으로 들어가는 바람에 **neck** 목 아래로는 전혀 구경을 못했네요. 목에서 내려오는 길에 **shoulder** 어깨 를 만나게 돼요. 더 내려오면 **arm** 팔, **elbow** 팔꿈치, **hand** 손 가 있죠. 그놈의 elbow에는 웬 놈의 때 dirt 가 그리도 끼는 거야!!

손도 가만히 보면 제법 복잡해요. 오므리면 **fist** 주먹 가 되고, 위로 쫙 펴면 **palm** 손바닥 이 보여요. 이 쯤에서 "Let me read your palm." 내가 손금 봐줄게. 음, "You will success."

넌 성공할 거야.

손에 길쭉길쭉하게 달려 있는 것들이 **finger** 손가락 잖아요. 엄지부터 출발~. **thumb** 엄지, **index finger** 검지, **middle finger** 중지, **ring finger** 약지, **pinkie finger** 새끼손가락 !! 미국사람 앞에서 middle finger를

thumb
index finger
middle finger
ring finger
pinkie finger
palm
fingernail

break wind [breik wind]   **neck** [nek]   **shoulder** [ʃóuldər]   **arm** [a:rm]
elbow [élbou]   **hand** [hænd]   **fist** [fist]   **palm** [pa:m]   **finger** [fíŋgər]   **thumb** [θʌm]
index finger [índeks fíŋgər]   **middle finger** [mídl fíŋgər]   **ring finger** [riŋ fíŋgər]
pinkie finger [píŋki fíŋgər]

함부로 치켜 올리면 큰일 나는 거 알죠? ^^ 그냥 칭찬은 고래도 춤추게 한다고 하니 이왕이면 엄지 척 해주세요.

• My friend gave me a thumbs up. 내 친구는 나에게 엄지 척을 해줬어.

손가락을 보호하는 딱딱한 **fingernail** 손톱! 저는 손톱 정리하러 네일숍에 가끔 가는데요, 매니큐어 nail polish 를 바르지는 않지만 관리만 받아도 기분이 좋아지 더라구요.

• I need to cut my fingernails. 손톱 깎아야 해.

어랏! 벌써 끝인가? 다시 목으로 올라가야지. 낑낑.

목에서 수직으로 내려오면 **chest** 가슴 가 나옵니다. **breast**는 특히 가슴의 앞쪽, 즉 유방을 가리키죠. bosom도 같은 표현이구요. 좀더 내려가 볼까요? **belly button** 배꼽 이 나오네요. 보통은 사람의 배를 **stomach**이라고 하죠. abdomen도 같은 말이구요. 똥배는 **potbelly**라고 해요. 똥배는 **hypodermic fat** 피하지방 이 쌓여서 그런 거예요.

얼른 **ribs** 옆구리 로 가야지. side도 옆구리를 의미합니다. 사실은 경기도 구리시 옆이 옆 구리예요. (썰렁썰렁~ ㅡ..ㅡ;;)

---

fingernail [fíŋgərneil]   **chest** [tʃest]   **breast** [brest]   **belly button** [béli bʌ́tən]
stomach [stʌ́mək]   **potbelly** [pátbeli]   **hypodermic fat** [hàipədə́:rmik fæt]   **ribs** [ribs]

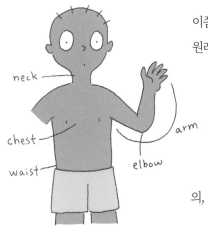

이쯤에서 **bust** 가슴 - **waist** 허리 - **hip** 히프 이 나옵니다. 원래 가슴은 chest지만 신체 사이즈를 가리킬 때는 bust를 사용한다는 것도 기억해두세요. 그리고 '궁둥이'라는 느낌의 단어는 **buttocks** 랍니다. 엉덩이에는 **bone** 뼈 에 **flesh** 살가 많이 붙어 있죠. 사람들은 엉덩이 살의 대부분이 지방인 줄 알지만 **muscle** 근육 이래요. 그리고 '살의, 육체의'라는 뜻의 형용사는 **carnal** 이에요.

생식기관

궁둥이 앞쪽에는 **reproductive organs** 생식기관 가 있을 거예요. 아, 이거 조금 민망하네요. 그래도 여러분의 어휘실력 증진을 위해서라면!!

male 남성 의 생식기를 **penis**라고 하고, **female** 여성 의 경우는 **vagina**라고 해요. 우리는 '남성, 여성', '암컷, 수컷' 처럼 사람과 동물을 구분해서 부르지만 영어에서는 동물과 사람 구분 없이 male과 female이라고 부릅니다.

남성의 고환은 보통 **testicles**라고 해요. 공처럼 생겼다고 해서 balls라고도 하는데요, 점잖은 말은 아닙니다. 알고만 있으세요. 2개니까 복수형 testicles, balls라고 하죠.

---

bust [bʌst]   waist [weist]   hip [hip]   buttocks [bʌ́təks]   bone [boun]   flesh [fleʃ]
muscle [mʌ́sl]   carnal [ká:rnl]   reproductive organs [rì:prədʌ́ktiv ɔ́:rgəns]   male [meil]
penis [pí:nis]   female [fí:meil]   vagina [vədʒáinə]   testicles [téstikl]

여성의 생식기는 남자보다 훨씬 복잡해요. 우선 남자에게는 없는 **womb** 자궁도 있구요. **ovaries** 난소도 있어요. **oval**이 '계란의'라는 뜻의 형용사인데, 여성과 관계된 단어에는 철자 ov가 많이 들어간답니다. 미국 대통령 집무실을 the Oval Office라고 하는데요, 전 처음에 '계란가게'인줄 알았다니까요. 「TIME」에 보면 백악관의 집무실 사진이 종종 나오는데 실제로 계란처럼 생겼더군요. 그래서 the Oval Office라고 합니다.

Oval office

• Have you ever been to the Oval Office? 미국 백악관 집무실에 가본적이 있나요?

period는 여성의 월경을 가리키구요. menstruation도 같은 뜻이에요. "나는 지금 생리 중이야."라고 말하고 싶다면 I'm in period now.라고 하면 됩니다. 여성분들을 위해 유용한 표현 하나 더 가르쳐드릴게요. 생리통이 심할 땐 어떻게 말해야 하나 궁금했죠?

"I have terrible cramps today." 오늘 생리통이 너무 심해요. 라고 말하면 돼요. **tampon** 탐폰, **PMS** 생리전 증후군, **miss a cycle** 생리 사이클이 안 맞다도 알아두면 유용하게 쓸 수 있으니 기억해두세요.

---

womb [wu:m]   **ovaries** [óuvəris]   **oval** [óuvəl]   **period** [pí:əriəd]   **tampon** [tæmpan]
PMS [pi:emes]   **miss a cycle** [mis ə sáikl]

만약 생식기관에 이상이 있어서 애를 낳을 수 없을 때는 **sterile** 난임의, 불임의 이라
고 하죠. 원래는 '(땅이) 불모의, 척박한'이란 뜻인데 '자식 농사'라고 하듯이 자
식을 땅에서 나는 곡식으로 생각하면 충분히 이해가 가는 단어죠. 남성이 생식
능력이 없거나 성교 불능의 상태일 때는 **impotent**란 단어를 사용합니다.

pregnancy 임신 가 된 상태의 초기
태아를 **embryo** 배아 라고 합니다. 병
원에 가서 애를 떼는 것은 **abortion**
낙태 이라고 하구요. 무슨 문제가 있어
태아가 저절로 잘못됐을 경우에는
miscarriage 유산 이구요. 태아가 죽
은 채 출산이 되는 건 **still birth** 사산
라고 해요.

• Unbearable stress may cause you to have a miscarriage.

　　심한 스트레스로 아이를 유산할 수도 있습니다.

'배아복제'란 말 들어보셨죠. 바로 **embryo cloning**입니다. **clone**은 '복제인
간'이라는 뜻이구요.

sterile [stéril]　**impotent** [ímpətənt]　**pregnancy** [prégnənsi]　**embryo** [émbriòu]
abortion [əbɔ́ːrʃən]　**miscarriage** [miskǽriʤ]　**still birth** [stil bəːrθ]
embryo cloning [émbriòu klòuniŋ]　**clone** [kloun]

지금은 은퇴를 했지만 우리나라 빙상여제인 이상화 선수의 **thigh** ^{허벅다리} 의 사이즈가 얼마였는지 아세요? 무려 60cm였답니다. 오 마이 갓! 얼마나 힘들게 지옥 훈련을 했을까요?

허벅다리에서 더 내려오면 **knee** ^{무릎}가 있어요. 아, lap 도 있네요. **lap**은 '무릎'이라는 뜻이긴 하지만 그건 '무릎을 굽히다'라고 할 때의 무릎이에요. 랩탑^{laptop} 을 올려두고 사용하는 그곳, 어딘지 알겠죠?

• I use a laptop on his lap. ^{난 노트북을 무릎 위에 올려 놓고 사용해.}

무릎 하면 항상 **joint** ^{관절}가 생각나요. 무릎 관절이 좋지 않거든요. 정강이는 **shin**이에요. 다리 부위 중 자주 다치는 부위가 있죠. 바로 **ankle** ^{발목}입니다. 특히 축구하다가 잘못하면 발목을 삐는 수가 있어요. 그래서 저는 그냥 응원이나 열심히 합니다.

• I sprained my ankle. ^{발목을 삐었어.}

foot ^발에도 재미있는 부위가 여럿 있어요. 발가락 은 영어로 **toe**랍니다.

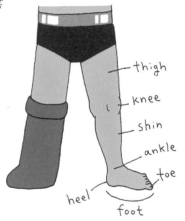

thigh

knee

shin

ankle

toe

heel

foot

thigh [tai] **knee** [niː] **lap** [læp] **joint** [ʤɔint] **shin** [ʃin] **ankle** [ǽŋkl] **foot** [fut] **toe** [tou]

발뒤꿈치가 **heel**이라는 건 다 알 거예요. '언덕'이라는 뜻의 hill은 heel과 생김새도 발음도 비슷해서 헷갈릴 수 있으니 주의하세요. 어떤 사람이 가지고 있는 '유일한 약점'을 **achilles heel**이라고 하는데요. achilles는 그리스신화에 나오는 전사로 발꿈치가 유일한 약점이었다죠. 거기에 화살 맞아 죽었다는 왕 썰렁한 사람이랍니다. 발꿈치 위로 살짝 올라오면 힘줄이 잡힐 거예요. 그게 바로 **achilles tendon** 아킬레스건 이랍니다.

내 achilles heel은 지나치게 빛나는 맑은 눈동자.

heel [hi:l]   **achilles heel** [əkíli:z hi:l]   **achilles tendon** [əkíli:z téndən]

cell 세포

chromosome 염색체

gene 유전자

tissue 조직

organ 기관

blood vessel 혈관
- You can observe human cells through a microscope.
  현미경으로 인간 세포를 관찰할 수 있어.

artery 동맥

vein 정맥

얼굴

head 머리

hair 머리털
- I have curly hair. 나는 곱슬머리예요.

brain 뇌

cerebral 뇌의

cerebral death 뇌사

forehead 이마 = brow

wrinkle 주름, 주름지다 = line
- I'm beginning to get wrinkles on my forehead.
  이마에 주름이 지기 시작했어.

eyebrow 눈썹

eyelid 눈꺼풀
- She got her double eyelid surgery on vacation.
  그녀는 방학 때 쌍꺼풀 수술을 받았어.

eye 눈

wink 윙크
- She winked at me. 그녀가 나에게 윙크했어.

double (fold) eyelid 쌍꺼풀

eyelash 속눈썹

nose 코
- snub nose 들창코
  strawberry nose 딸기코
  aquiline nose 매부리코
- He has an aquiline nose. 그는 매부리코야.

breathe 숨쉬다 = respire
- exhale 숨을 내쉬다
  inhale 숨을 들이마시다
- breath 숨, 호흡

nostril 콧구멍

cheek 뺨

ear 귀
- The cat picked up its ears. 고양이가 귀를 쫑긋 세웠어.

facial hair 수염
- goatee (턱밑의) 염소수염
- I have a beard. 나는 수염을 길러.
  I shave every morning. 나는 매일 아침 면도를 해.
  He is unshaven. 그는 수염을 깎지 않아.

moustache 콧수염
- He has been wearing a mustache for 10 years.
  그는 10년동안 콧수염을 기르고 있어.

jaw 턱
- chin 턱끝

beard 턱수염

sideburns 구레나룻

mouth 입

oral 입의

lip 입술
- My lips got chapped. 입술이 텄어.

tongue 혀

teeth 이 (복수)
- tooth 이 (단수)

gums 잇몸

implant 임플란트
- I got a dental implant in my front tooth.
  나는 임플란트를 했어.

dentures 틀니

wisdom teeth 사랑니
- canine tooth 송곳니
  decayed tooth 충치
  projecting tooth 덧니
- I cut a wisdom tooth. 사랑니가 났어.
  I had a wisdom tooth pulled (out). 사랑니를 뽑았어.

molar 어금니

몸속

tonsils 편도선

throat 목구멍

heart 심장
- cardiac 심장의

liver 간

lungs 폐
- pulmonary 폐의

kidneys 신장

spleen 비장

vital 필수적인
- This vest will help to protect your vital organs.
  이 조끼가 필수 장기들을 보호하는데 도움을 줄 거야.

stomach 위

digest 소화하다

alimentary organ 소화기관

bowels 창자 = intestines

small intestine 소장

large intestine 대장

appendix 맹장, 부록
- 어근 pend 매달다
  appendix: ad(방향 to)+pend(매달다)→부록, 충수(옆에 매달린 것)
  suspend: sub(아래)+pend(매달다)→매달다, 중지하다
  impending: im(안)+pend(매달다)→임박한

anus 항문 = ass

break wind 방귀뀌다 = fart
- pooh 콧방귀
  belch 트림 = burp

상반신

neck 목

shoulder 어깨

arm 팔
- He got his right arm broken. 그는 오른 팔이 부러졌어.

elbow 팔꿈치

hand 손

fist 주먹

palm 손바닥
- Let me read your palm. 내가 손금 봐줄게.

finger 손가락

thumb 엄지
- My friend gave me a thumbs up.
  내 친구는 나에게 엄지 척을 해줬어.
- He is all thumbs. 그는 손재주가 없어.
- thumb down 거절하다

index finger 검지

middle finger 중지

ring finger 약지

pinkie finger 새끼손가락 = little finger

fingernail 손톱
- I need to cut my fignernails. 손톱 깎아야 해.

chest 가슴

breast 유방 = bosom

belly button 배꼽 = navel
- You have dirt on your belly button. 너 배꼽에 때 꼈어.

stomach 배, 복부 = abdomen
- My stomach feels bloated. 배가 더부룩해.
  = I feel bloated.

potbelly 똥배
- My daddy has a potbelly. 우리 아빠는 똥배가 나왔어.

hypodermic fat 피하지방

ribs 옆구리 = flank, side

bust 가슴 (신체 사이즈를 얘기할 때)

waist 허리

hip 히프

buttocks 궁둥이

bone 뼈

flesh 살

muscle 근육

carnal 살의, 육체의

생식기관

reproductive organs 생식기관

male 남성

penis (남성의) 생식기

female 여성

vagina (여성의) 생식기

testicles 남성의 고환 = balls

womb 자궁

ovaries 난소

oval 계란 모양의
- Have you ever been to the Oval Office?
  미국 백악관 집무실에 가본적이 있나요?

period 월경 = menstruation
- I'm in period now. 나 지금 생리중이야.

tampon 탐폰 (삽입식 생리대)
- pad (일반) 생리대 = sanitary napkin

PMS 생리전 증후군 = Premenstrual Syndrome

miss a cycle 생리주기가 안 맞다 (늦거나 건너뛸 경우)

sterile 난임의, 불임의 = barren

impotent 성교 불능자

pregnancy 임신

embryo 배아 (8주까지의 태아)

abortion 낙태

miscarriage 유산
- Unbearable stress may cause you to have a miscarriage.
  심한 스트레스로 아이를 유산할 수도 있습니다.
- 접두어 mis- 잘못된
  miscarriage: mis(잘못된) + carriage(운반) → 유산
  mislead: mis(잘못) + lead(이끌다) → 속이다
  misgiving: mis(잘못) + give(주다) → 걱정(안 좋은 것을 가져다주는 것)
  misunderstand: mis(잘못) + understand(이해하다) → 오해하다

still birth 사산

embryo cloning 배아복제

clone 복제인간

하반신

thigh 넓적다리, 허벅다리

knee 무릎
- kneel 무릎 꿇다
- knell (특히 죽음의) 종소리
  knoll 둥근 언덕

lap 무릎
- I use a laptop on his lap. 난 노트북을 무릎 위에 올려놓고 사용해.

joint 관절

shin 정강이

ankle 발목
- I sprained my ankle. 발목을 삐었어.

foot 발

toe 발가락

heel 발뒤꿈치

achilles heel 유일한 약점
- Everyone has his own achilles heel.
  누구나 자신만의 약점이 있어.

achilles tendon 아킬레스 건

더 알면 좋은 단어들

appearance 외모 **cripple** 불구로 만들다 **complexion** 안색 **dimple** 보조개 **earlobe** 귓볼 **limb** 수족

nerve 신경 **pulse** 맥박 **skeleton** 해골 **slobber** 침 **the disabled** 장애자

나는 통통한 사람이 좋아

그럼, 이제 우리 몸이 보여주는 다양한 상태를 한번 알아보죠. 몸이 많이 **tired** 피곤한 하세요? 그러니까 컴퓨터 앞에서 밤새우지 stayed up all night 마세요. 저는 이 원고 쓰느라 **fatigue** 피로 를 많이 느껴요. **physical stamina** 체력 가 언젠가는 **exhausted** 고갈된 될 거예요. 그래도 여러분의 어휘력을 증강해야 한다는 시대적 소명감으로 낮에 잠깐 5시간만 **nap** 낮잠 자면서 열심히 써나갈게요. 칭찬해주세요~. ^^ ;

tired [taiərd] **fatigue** [fətíːg] **physical stamina** [fízikəl stǽmənə] **exhausted** [igzɔ́ːstid]
nap [næp]

에구~ 갑자기 몸이 굼벵이가 된 것처럼 **lethargic** 나른한 하고 **drowsy** 졸리는 해지네요. 조금만 **doze** 졸다, 잠깐 졸기 하고 다시 써야겠다.

• I was so tired that I fell into a doze. 너무 피곤해서 깜빡 졸았어.

아, 좀 자고 나니 이제 좀 **refreshed** 개운한 하네. 나중에 원고 다 쓰고 나면 나도 **fitness club** 헬스클럽 가서 **body building** 보디빌딩 하고 몸짱 돼야지.

저는 **well-built** 체격이 좋은 한 편이 아니에요. 그렇다고 **overweight** 뚱뚱한 하지도 않구요. 음… 그냥 적당하다고 하고 지나갑시다. ^^ overweight은 동의어도 엄청 많아요. fat, corpulent, obese, stout, plump 등이 모두 뚱보의 수식어죠. 키가 작고 뚱뚱한 사람에게는 **tubby**라고 하구요. [뚜비]가 아니라 [터비]가 맞는 발음!

fat이란 말은 조심!
'뚱뚱하다'고 말할 때, 우린 fat이라는 단어를 자주 쓰죠. fat은 '돼지처럼 디룩디룩 살쪘다'는 의미예요. 토실토실 예뻐 보인다는 의미의 긍정적인 말인 chubby나 buxom은 좀 괜찮지 않을까요.

지금 내 얘기 하는거야?

호빗 →

요즘 다들 **go on a diet** 다이어트하다 해서 **lose weight** 살빼다 하려고 난리예요. 한국은 **slender** 날씬한 한 사람에 대한 기준이 너무 가혹해요. 근데 그거 아세요? 우리 기준엔 **chubby** 통통한 하고 **buxom** 토실토실한 한 건데 미국 사람들은 **skinny** 깡마른하다고 해요. 외모의 기준은 이렇게 다를 수 있으니 **starve** 굶다 하면서 무리하게 살 빼지 말고 건강한 관리를 합시다.

lethargic [ləθá:rʤik]   drowsy [dráuzi]   doze [douz]   refreshed [rifréʃid]   fitness club [fítnis kləb]
body building [bádi bíldiŋ]   well-built [wélbílt]   overweight [óuvərweit]   tubby [tʌ́bi]
go on a diet [gou ən ə dáiət]   lose weight [lu:z weit]   slender [sléndər]   chubby [tʃʌ́bi]
buxom [bʌ́ksəm]   skinny [skíni]   starve [sta:rv]

먹고 **vomit** 토하다 하는 걸 반복하며 체중에 집착하는 사람들
도 많다던데, 노노노!

살찐 사람이건 마른 사람이건 중요한 건 **sound** 건강한 해야
한다는 거예요. **good for your health** 건강에 좋
은 한 음식 많이 먹고 **healthy** 건강한 해지자
구요. 덩치는 큰데 bulky 정작 몸은 **frail** 허약한
하다면 무슨 소용이 있겠어요. **vigorous** 정력적인
한 젊은 사람도 세월이 가면 나이가 들고 당연히 **decrepit** 노쇠한 해지죠. 그래서
저도 강단에 더 오래 서고 싶어 열심히 체력관리를 하고 있습니다.

vomit [vómit]   **sound** [saund]   **good for your health** [gud fər jər helθ]   **healthy** [hélθi]
frail [freil]   **vigorous** [vígərəs]   **decrepit** [dikrépit]

tired 피곤한 = weary, exhausted
· I'm dead tired tonight. 오늘밤은 너무 피곤해.

fatigue 피로

physical stamina 체력

exhausted 고갈된

nap 낮잠

lethargic 나른한 = sluggish, indolent, languid

drowsy 졸리는 = sleepy

doze 졸다, 잠깐 졸기
· I was so tired that I fell into a doze.
  너무 피곤해서 깜빡 졸았어.

refreshed 개운한

fitness club 헬스클럽 = gym

body building 보디빌딩

well-built 체격이 좋은

overweight 뚱뚱한
= fat, stout, corpulent, obese, plump

tubby 키 작고 뚱뚱한
· He is a short and tubby man. 그는 키가 작고 뚱뚱해.
· 땅딸막한 stubby, stocky

go on a diet 다이어트하다

lose weight 살빼다
· gain weight 살찌다

slender 날씬한 = slim
· willowy 늘씬한

chubby 통통한

buxom 토실토실한, 가슴이 풍만한

skinny 깡마른
· 마른 thin
· 깡마른 bony, lean, gaunt

starve 굶다

vomit 토하다

sound 건강한
· I am a man of sound body and mind.
  나는 심신이 건강한 사람이야.

good for your health 건강에 좋은

healthy 건강한
· healthy diet 건강식 (이 표현에서처럼 관용적으로 굳어진 표현에서
  는 healthy도 '건강에 좋은'의 의미로 쓰인다.)

frail 허약한
· 약한 weak, infirm, feeble
· 병약한 invalid

vigorous 정력적인 = energetic, animated

decrepit 노쇠한
· My grandfather has become decrepit.
  우리 할아버지는 노쇠해지셨어.

어디가 아프신가요?

illness와 disease

심장병은 heart disease라고 할까요, heart illness라고 할까요? 네~. **heart disease**죠. **disease**는 구체적인 병명을 이야기할 때 쓰고, **illness**는 몸이 아픈 상태로서의 병을 가리킬 때 써요. 가벼운 병은 **slight illness**라고 하구요, slight ailment라고 해도 좋아요.

• My uncle is suffering from a serious illness. 삼촌은 중병을 앓고 있어.

접두어 dis-는 부정의 뜻
접두어 dis-는 '부정(not)'의 의미! 따라서 disease는 'ease(편안함)가 아니다(dis-)', 즉 '편안하지 않다'는 뜻이므로 '질병'을 의미하게 되는 거죠.
• dis(not) + order(질서)
  → 무질서(disorder)

disease가 생기면 처음에는 몸이 좀 이상한가 싶다가 결국에 **symptom** 증상이 나타나고 **develop** 발병하다 하게 되죠. 우리가 **catch a cold** 감기 걸리다 하게 되면 **headache** 두통 도 있고 **fever** 열 도 나는데, 이런 것이 모두 cold의 symptom이

에요. 가장 불편한 **symptom of cold** 감기 증상 로는 뭐가 있을까요? 단연 **have a runny nose** 콧물이 줄줄 흐르다 겠죠. 처음엔 **sniff** 코를 훌쩍이다 하다가, 콧물이 흐르면 **wipe** 닦다 해요. 거기서 증상이 더 심해지면 결국 **blow your nose** 코를 풀다 해야 하죠. 또 다른 감기 증상으로는요, **have a sore throat** 목이 아프다 하고, **clear your throat** 헛기침을 하다 하기도 하고, 감기가 더 심해지면 **have a bad cough** 기침을 심하게 하다 까지 한다니까요. 여러분도 감기 조심하시구요. 특히 열이 많이 나면 혹시 **influenza** 독감 가 아닌지 검사해봐야 해요.

에이즈

무서운 질병 중에 **AIDS**가 있죠. 뭐의 약자일까요? 에이즈는 Acquired Immune Deficiency Syndrome의 약자예요.

---

symptom [símptəm]　**develop** [divéləp]　**catch a cold** [kætʃ ə kould]　**headache** [hédèik]
fever [fí:vər]　**symptom of cold** [símptəm əv kould]　**have a runny nose** [hæv ə rʌ́ni nouz]
sniff [snif]　**wipe** [waip]　**blow your nose** [blou jər nouz]　**have a sore throat** [hæv ə sɔːr θrout]
clear your throat [kliər jər θrout]　**have a bad cough** [hæv ə bæd kɔːf]　**influenza** [influénzə]
AIDS [eidz]

Acquired 후천성 **Immune** 면역 **Deficiency** 결핍 **Syndrome** 증후군

그리고 **Down syndrome** 다운 증후군 이라는 병도 있죠. 염색체 이상으로 생기는데요, 이 질병은 **amentia** 백치 나 **dementia** 치매 등의 증상이 나타난답니다.

우리가 일상생활에서 흔히 말하는 '바보, 얼간이'는 **chump**예요.
• Are you a chump to believe such a lie? 그런 거짓말을 믿다니 너 바보냐?

이번에는 질병의 여러 가지 유형 type 에 대해서 알아봅시다.

NIMBY Syndrome

NIMBY syndrome(님비 증후군)은 Not In My Backyard로, '우리집 뒷마당은 안 돼'라는 뜻인데요, 한마디로 혐오시설은 자기 사는 지역에 안 들여오려는 지역 이기주의죠.
PIMFY syndrome(핌피현상)이라는 것도 있는데요, Please In My Front Yard로, '우리집 앞마당에'란 뜻인데 문화시설이나 정부관련 기관 등 자기 지역에 유치하면 이익이 되는 것은 서로 가져가려는 이기주의 현상입니다.

질병의 증상과 유형

어떤 증상이 갑자기 심해지면 **acute** 급성인 라고 하구요, 오랜 기간에 걸쳐서 나타나면 **chronic** 만성인 이라고 해요. inveterate나 deep-seated도 같은 표현이랍니다. **athlete's foot** 무좀 처럼 사소한 병이 있는가 하면, **cancer** 암 처럼 **fatal** 치명적인 한 질병도 있어요.
• I have athlete's foot. 나는 무좀이 있어.

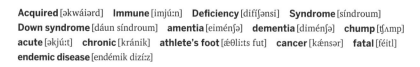

무좀에 걸렸어.

자넨 발냄새가 더 걱정일세.

또 어떤 질병이 어느 특정 지역이나 사람들 particular region of people 에 국한되어 발생하면 **endemic disease** 풍토병 라고 부르고, 널리 퍼지면 **widespread**

Acquired [əkwáiərd]　**Immune** [imjúːn]　**Deficiency** [difíʃənsi]　**Syndrome** [síndroum]
Down syndrome [dáun síndroum]　**amentia** [eiménʃə]　**dementia** [diménʃə]　**chump** [tʃʌmp]
acute [əkjúːt]　**chronic** [kránik]　**athlete's foot** [ǽθliːts fut]　**cancer** [kǽnsər]　**fatal** [féitl]
endemic disease [endémik dizíːz]

epidemic disease 유행병 라고 하죠. 낙타가 병원균의 **carrier** 매개체 인 MERS(중동호흡기증후군 Middle East Syndrome)에서부터 SARS(중증급성호흡기증후군 Severe Acute Respiratory Syndrome), 최근에는 ASF(아프리카 돼지 열병 African Swine Fever)까지 이놈의 유행병들이 끊이지 않네요.
- ASF has recently broken out on a farm. 최근에 한 농가에서 아프리카 돼지 열병이 발생했어.

무좀도 전염되나요...

피해!

또한 공기 air 같은 매개체 carrier 를 통해 다른 사람에게 전달되면 **infectious disease** 전염병 라고 하고, 직접 신체접촉을 통해 by touch 옮기게 되면 **contagious disease** 접촉성 전염병 라고 해요. 전염병 하면 14세기에 전 유럽에 만연 prevalent 했던 **pest** 페스트, 흑사병 를 빼놓을 수 없죠. **Black Death** 흑사병 라고도 알려져 있어요. **pestilence** 역병도 같은 말입니다. 전염병 환자를 수용하는 곳은 **isolation ward** 격리 병동 라고 하니까 알아두세요.

암 cancer 처럼 증상 symptom 이 바로 나타나지 않고 시일이 꽤 흐른 후에 발병하는 질병을 **insidious disease** 잠행성 질환 라고 합니다. 잠복기는 **latent period** 구요. AIDS의 경우 잠복기가 10년 a decade 이 될 수도 있다고 하네요.

widespread epidemic disease [wáidspred èpədémik dizíːz]　carrier [kǽriər]
infectious disease [infékʃəs dizíːz]　contagious disease [kəntéidʒəs dizíːz]　pest [pest]
Black Death [blæk deθ]　pestilence [péstələns]　isolation ward [àisəléiʃən wɔːrd]
insidious disease [insídiəs dizíː]　latent period [léitnt píːəriəd]

그럼 우리가 앓는 **suffer**_{질병}의 종류를 구체적으로 한번 알아볼까요? 자, 머리 head 에서 발끝 heel 으로 이동합니다. 출발~~!

● 머리

머리에 **dandruff**_{비듬}가 있다구요? 비듬이 심하면 탈모 loss of hair 가 돼서 결국 대머리 bald 가 될 수 있어요. 그러니 **treatment shampoo**_{치료용 샴푸}로 자주 샴푸하세요.

머리에서 가장 빈번하게 발병하는 것은 단연 **headache**_{두통}죠. 굉장히 많은 사람들이 이걸로 고생하고 있는데요, 한쪽이 심하게 아프면 **migraine**_{편두통}이 되죠. 이럴 때는 **aspirin**_{아스피린}과 같은 **painkiller**_{진통제}를 먹어야 해요.

• I have a bad headache. 두통이 너무 심해.

• This painkiller will relieve the headache. 이 진통제 먹으면 두통이 가라앉을 거야.

---

suffer[sʌ́fər]   **dandruff**[dǽndrəf]   **treatment shampoo**[trí:tmənt ʃæmpú:]   **headache**[hédèik]
migraine[máigrein]   **aspirin**[ǽspərin]   **painkiller**[péinkìlər]

머리와 관련된 다른 질병이 또 있죠. 바로 **mental disease** 정신병 입니다. 이 병은 반드시 **mental hospital** 정신병원 에서 치료를 받아야 해요.

자, 이제 눈으로 내려갈게요. **eyesight** 시력 가 나쁜 경우는 **have bad eyes** 또는 have bad eyesight라고 하죠. 구체적으로 멀리 있는 물체가 잘 안 보이면 **near-sighted** 근시의 라고 하고, 가까이 있는 물체가 잘 안 보이면 **far-sighted** 원시의 라고 합니다. 의학용어 medical term 로는 각각 **myopia** 근시 와 **hypermetropia** 원시 라고 하죠.

접미사 -ache '통증'
접미사 연결형 -ache는 '통증(pain)'이라는 의미예요. 그래서 earache은 '귀앓이'가 되는 거죠.

귀는 어떨까요? '귀머거리의, 귀먹은'의 **deaf**가 있네요. 그리고 귀가 아플 땐 **earache** 귀앓이 를 쓰면 됩니다.

입에서는 역시 **toothache** 치통 가 항상 문제죠. 그러니 **decayed tooth** 충치 는

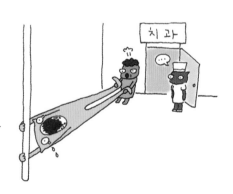

mental disease [méntl dizíːz]　mental hospital [méntl háspitl]　eyesight [aisait]
have bad eyes [hæv bæd aiz]　near-sighted [níərsàitid]　far-sighted [faːrsàitid]
myopia [maióupiə]　hypermetropia [hàipərmətróupiə]　deaf [def]　earache [íərèik]
toothache [túːθèik]　decayed tooth [dikéid tuːθ]

그냥 두지 말고 꼭 치과의사dentist에게 가서 치료를 받아야 해요. **scaling** 치석 제거도 정기적으로 하구요. 그게 아니고 사랑니 wisdom tooth 때문에 고생한다구요? 그건 다른 방법이 없어요. 무조건 치과에 가서 이를 **pull out** 뽑다 하는 수밖에요.

입에서 냄새smell가 나서 고생하는 사람들도 많죠. 이를 닦아도 brush your teeth 냄새가 사라지지 않으면 **mouthwash** 가글도 해보세요.

• He has bad breath. 그는 입에서 냄새나.

외국에서도 가글을?

외국에서는 많은 의사들이 칫솔질 후에 가글하라고(mouthwash) 추천해요. 눈에 보이지 않는 균을 잡아주거든요. 이 가글 제품에 있는 sodium fluoride(불소)라는 성분이 또 중요합니다. 아이들이 병원에서 충치예방하려고 불소코팅 받는 것 아시죠? 그만큼 불소의 효과가 입증되어 있거든요. 그런 만큼 외국에는 잇몸에 좋은 성분이 들어간 가글 제품들이 많이 나와 있답니다.

치약이나 가글제품 살 때 다음 단어는 유용해요. **antibacterial**은 '항균의', **antiseptic**은 '방부제, 소독제', **anticavity**는 '충치예방'이라는 뜻입니다.

아이고, 왜 이렇게 아픈 데가 많은 거야. 이제 시작이니 맘 굳게 먹고 계속 가봅시다.

● 목과 가슴

목neck으로 가면 무슨 병이 기다리고 있을까요? 목구멍throat이 **swell** 부어오르다 해서 고생한 적이 있을 거예요. 풍선balloon도 아닌데 왜 부어오를까요? 사실은 **tonsils** 편도선이 부어올라서 그런 거예요. 심하면 **tonsillectomy** 편도선 제거 수술를 받아야 할 걸요. 엄청 아플 텐데….

• I have a sore throat. 목이 아파요.

어근 tom '자르다'

어근 tom은 '자르다(cut)'라는 의미를 갖고 있어요. tonsillectomy를 살펴보면 tonsils은 '편도선'을 의미하구요, tom이 '자르다'는 뜻이니까 '편도선 제거 수술'이라는 뜻이 되네요.

• appendix(충수) + tom(자르다)→충수 절제술 (appendectomy)

scaling [skéiliŋ]　**pull out** [pul aut]　**mouthwash** [máuθwàʃ]　**antibacterial** [æ̀ntibæktíəriəl]
antiseptic [æ̀ntəséptik]　**anticavity** [æ̀ntikǽvəti]　**swell** [swel]　**tonsils** [tánsil]
tonsilectomy [tànsəléktəmi]

목에서 좀 더 내려가봅시다.

가슴 chest 에는 심장 heart 과 폐 lungs 가 있죠. **heart disease**가 심장병인데 cardiac disease라고도 하죠. 심장이 갑자기 멈추면 **heart attack** 심장마비 이라고 하는데 정말 위험해요. 그리고 담배를 피우면 **pulmonary disease** 폐질환에 걸릴 수 있어요. 그러니 어서 금연 quit smoking 하세요. 특히 줄담배 피우는 사람 chain smoker 은 **lung cancer** 폐암 에 걸릴 수도 있대요. 암을 달리 표현하면 **malignant tumor** 악성 종양 라고 할 수 있거든요. 그러니까 몸에서 **tumor** 종양 가 발견되면 **benign tumor** 양성 종양 인가 malignant tumor인가에 따라 희비가 엇갈리는 거죠.

들어와요.

똑똑

be green with envy

green 하면 '푸른, 싱싱한'의 의미라고 생각하기 쉽지만, 형용사 green이 사람을 수식하게 되면 '창백한, 질투에 차 있는'이라는 뜻이 돼요. 그래서 green을 질투의 색이라고 하죠.
영어에서는 '질투의 눈'을 green eye라고 해요. 셰익스피어의 4대 비극 가운데 하나인 「오셀로(Othello)」에 '초록 눈 괴물(green-eyed monster)'이 나오는데, 바로 이 괴물이 '질투의 화신'이거든요, 그래서 green이 '질투에 불타는'의 의미로 쓰이기 시작한 거예요.

● 배

보통 배가 아플 때는 일반적으로 '**stomachache** 복통, 위통 가 있다'라고 합니다. 물론 여기서 배는 진짜 밥 들어가는 배를 말해요. 사촌이 땅을 사면 배가 아프다는 속담에서 '배가 아프다'는 be green with envy 라고 하지요.

내, 땅을 좀 샀지!

아이구우

heart disease [ha:rt dizí:z]　heart attack [ha:rt ətǽk]　pulmonary disease [pʌ́lmənèri dizí:z]
lung cancer [lʌŋ kǽnsər]　malignant tumor [məlígnənt tjú:mər]　tumor [tjú:mə]
benign tumor [bináin tjú:mə]　stomachache [stʌ́məkèik]

constipation 변비 때문에 고생하는 사람들이 많잖아요. constipation을 너무 사소한 slight 병으로 생각하는 사람들이 많은데, 그대로 두면 나중에 **piles** 치질로 발전할 수도 있다고 하네요.

• I think I have constipation. 변비가 있는 거 같아.

변비는 변이 안 나와서 걱정이라면 이 녀석은 시도 때도 없이 쏟아져 나오는 게 특징인데, 바로 **diarrhea** 설사 랍니다. 설사할 때의 그 느낌을 전달하느라 발음이 그런 걸까요? [다이어뤄~어]라고 발음합니다. 화장실에서 설사하면서 계속 중얼거려보세요. [뤄]에 강하게 힘을 주면서 말이죠. [다이어뤄~어] [다이어뤄~어]

말하기 껄끄러운 유명한 병이 또 있는데요, sex와 관계된 **venereal disease** 성병 죠. 제가 아는 사람 옆집사람의 삼촌의 친구네 옆집 사람은(한마디로 거의 모르는 사람이겠죠? ^^) 글쎄 **libertine** 난봉꾼 처럼 **profligate** 문란한, 방탕한 한 생활을 하더니 성병에 걸렸다지 뭐예요.

---

constipation [kànstəpéiʃən]　**piles** [pailz]　**diarrhea** [dàiəríːə]
venereal disease [vəníəriəl dizíːz]　**libertine** [líbərtìːn]　**profligate** [práfligət]

● 외상

지금까지는 몸 안에 **virus** 바이러스 나
germ 균 때문에 **fall sick** 병이 나다 하
게 되는 병들을 주로 얘기해봤는데
요. 이제는 사고 등으로 다치게 된
경우인 **traumatic injury** 외상 를 살
펴보도록 합시다.

skin disease 피부병 가 있는 사람들이 있잖아요. 가렵다고 절대 목욕용 타월 bath
towel 로 때 dirt 밀겠다고 하면 안 돼요.

칼처럼 날카로운 것에 벤 상처를 **cut**이라고 하구요, 그래서 생긴 자국은 **scar**
흉터 라고 합니다. 저도 앞에서 이야기한 **appendectomy** 맹장 수술 때문에 배에
scar가 있어요. 물론 길거리를 지나가다 악당 scoundrel 에게 괴롭힘을 당하던 사
람을 보호하려고 싸우다가 생긴 영광의 상처라고 뻥치고 다니지만.

호호. 화재 등으로 불에 데어서 생기는 **burn** 화상 알죠? 치
료할 때 정말 아프다고 해요. 병원에서 가장 크게 비
명 지르는 사람이 바로 화상 환자라고 합니다. 그러니
언제나 불조심합시다.

• There is a big scar on his face.

그는 얼굴에 커다란 흉터가 있어.

virus [váiərəs]   **germ** [ʤəːrm]   **fall sick** [fɔːl sik]   **traumatic injury** [trəmǽtik ínʤəri]
skin disease [skin dizíːz]   **cut** [kʌt]   **scar** [skaːr]   **appendectomy** [æpəndéktəmi]   **burn** [bəːrn]

길을 가다가 어떤 사람과 크게 부딪혔다고 가정합시다. 그 사고로 어디가 부어오르면 **bruise** 타박상 가 되구요, 팔다리가 부러지면 **fracture** 골절 라고 해요. 에구, 당장 **cast** 깁스 를 해야 해요.

그리고 너무 세게 부딪혀서 혈관 blood vessel 이나 심장 heart 등이 터지는 것은 **rupture** 파열 라고 해요.

허리를 "살짝" 접어 주었지.

bruise [bruːz]   **fracture** [frǽktʃər]   **cast** [kǽst]   **rupture** [rʌ́ptʃər]

다양한 증상들

headache
두통

toothache
치통

earache
귀앓이

stomachache
복통

backache
요통

Sore throat
목아픔

fever/temperature
고열

cough
기침

runny nose
콧물

chills
오한

nauseous
매스꺼운

vomit
토하다

dizzy
현기증 나는

bump
(때려서 생긴)혹

bruise
타박상

rash
발진, 뾰루지

Sprained ankle
발목을 삐다

insect bite
벌레물림

cut
베다

cavity
충치

|illness와 disease|

heart disease 심장병

disease 병 (구체적인 병)

· My brother is suffering from a disease.
내 형은 병을 앓고 있어.

· 병 illness, ailment, trouble

· 접두어 dis- 부정 (not)
disease: dis(not) + ease(편안함) → 질병(편하지 않음)
disorder: dis(not) + order(질서) → 무질서
discomfort: dis(not) + comfort(편안함) → 불편
disregard: dis(not) + regard(존중하다) → 무시하다

illness 병 (몸이 아픈 상태)

· My uncle is suffering from a serious illness.
삼촌은 중병을 앓고 있어.

slight illness 가벼운 병 = slight ailment

symptom 증상

· 접두어 sym-/syn- 함께
symptom: sym(함께) + ptom(떨어짐) → 증상
sympathy: sym(함께) + path(느낌) → 공감
synchronize: syn(함께) + chron(시간) → 동시에 발생하다
syndrome 증후군

develop 발명

catch a cold 감기에 걸리다

headache 두통

fever 열

symptom of cold 감기 증상

have a runny nose 콧물이 줄줄 흐르다

· I have a runny nose. 콧물이 줄줄 흘러.

wipe 닦다

sniff 코를 훌쩍이다

blow your nose 코를 풀다

· Why don't you blow your nose? 코를 풀지 그래?

have a sore throat 목이 아프다

clear your throat 헛기침을 하다

have a bad cough 기침을 심하게 하다

influenza 독감

에이즈

AIDS 에이즈 = Acquired(후천성) Immune(면역)
Deficiency(결핍) Syndrome(증후군)

· Use a condom, and you won't get AIDS.
콘돔을 사용하신다면 에이즈에 걸리지 않을 것입니다.

Down syndrome 다운 증후군

amentia 백치

dementia 치매

chump 바보, 얼간이

· Are you a chump to believe such a lie?
그런 거짓말을 믿다니 너 바보냐?

질병의 증상과 유형

acute 급성인

chronic 만성인 = inveterate, deep-seated

· His disease passed into a chronic state.
그의 병은 만성으로 변했어.

· 어근 chron 시간
anachronistic: ana(back) + chron(시간) → 시대착오적인
diachronic: dia(통과) + chron(시간) → 통시적인
synchronic: syn(함께) + chron(시간) → 공시적인

athlete's foot 무좀

- I have athlete's foot. 나는 무좀이 있어.

cancer 암

fatal 치명적인 = deadly, lethal

endemic disease 풍토병

- endemic 풍토성인
- Cholera was endemic in the region.
  콜레라가 그 지역에서만 창궐했어.

widespread epidemic disease 유행병

- epidemic 유행성인
- 어근 dem 사람
  epidemic: epi(위)+dem(사람→사람들에게 퍼진, 유행의
  democracy: demo(사람)+cracy(통치)→민주주의
  demography: demo(사람)+graph→인구통계학

carrier 매개체

infectious disease 전염병

- infectious (특히 공기를 통해) 전염되는
- the spread of infectious diseases 전염병의 확산

contagious disease 접촉성 전염병

- contagious (접촉을 통해) 전염되는, 전염성의
- Athlete's foot is a contagious disease.
  무좀은 접촉성 전염병이야.

pest 페스트, 흑사병

Black Death 흑사병

pestilence 역병 = plague

isolation ward 격리 병동

- The patient was in an isolation ward for 7 days.
  그 환자는 격리병동에 7일간 있었어.

insidious disease 잠행성 질환 = latent disease

latent period 잠복기

- With a latent period of five to 10 days, the infection
  can easily spread to other areas. 5일 내지 10일간의 잠복기
  를 걸쳐, 그 전염병이 다른 지역으로 퍼질 것이다.

suffer 질병

머리

dandruff 비듬

- My head is itching to death because of dandruff.
  비듬 때문에 머리가 간지러워 죽을 지경이야.

treatment shampoo 치료용 샴푸

headache 두통

- I have a bad headache. 두통이 너무 심해.

migraine 편두통

aspirin 아스피린

painkiller 진통제

- This painkiller will relieve the headache.
  이 진통제 먹으면 두통이 가라앉을 거야.

mental disease 정신병

mental hospital 정신병원

= lunatic asylum, madhouse

- He was put into a mental hospital. 그는 정신병원에 입원됐어.

eyesight 시력 = vision

- I have bad eyesight. 난 시력이 나빠.
- blind 눈 먼
- deaf 귀먹은
- 시력의 종류
  근시인 near-sighted, short-sighted
  원시인 far-sighted
  사시인 cross-eyed, squint
  색맹인 color-blind
  난시인 astigmatic

have bad eyes 시력이 나쁘다 = have bad eyesight

near-sighted 근시의 = short-sighted

- I wear glasses because I am short-sighted.
  나는 근시라서 안경을 써.

far-sighted 원시의

myopia 근시

hypermetropia 원시

deaf 귀머거리의, 귀먹은

earache 귀앓이

toothache 치통

- I'm afraid of going to the dentist. 난 치과 가는 게 두려워.
- 접미사 연결형 -ache 통증 (pain)

  headache 두통

  toothache 치통

  heartache 상심

decayed tooth 충치

- treat a decayed tooth 충치를 치료하다

scaling 치석 제거 = teeth cleaning

pull out (이를) 뽑다 = extract

mouthwash 가글 (양치질 약)

- Use mouthwash If you have breath.
  입냄새 나면 가글을 사용해봐.

antibacterial 항균의

antiseptic 방부제, 소독제

anticavity 충치예방

목과 가슴

swell 부어오르다

- I have swollen tonsils. 편도선이 부었어.

tonsils 편도선

tonsillectomy 편도선 제거 수술

- 어근 tom 자르다 (cut)

  appendectomy: appendix(충수)+tom(자르다)→충수 절제술

  gastrotomy: gastro(위)+tom(자르다)→위절개술

heart disease 심장병 = cardiac disease

- cardiac 심장의

heart attack 심장마비

pulmonary disease 폐질환

- pulmonary 폐의

lung cancer 폐암

- Smoking may cause lung cancer. 흡연은 폐암을 유발해.

malignant tumor 악성종양

tumor 종양

benign tumor 양성종양

배

stomachache 복통, 위통

- I have a severe stomachache. 배가 너무 아파.

constipation 변비

- I think I have constipation. 변비가 있는 것 같아.

piles 치질 = hemorrhoids

diarrhea 설사

- I've been having diarrhea. = I have the runs. 계속 설사해.

venereal disease 성병

libertine 난봉꾼

profligate 문란한, 방탕한

- He is profligate in his way of life. 그는 생활이 방탕해.

외상

virus 바이러스

germ 균

fall sick 병이 나다

traumatic injury 외상

skin disease 피부병

cut 날카로운 것에 벤 상처

scar 흉터

- There is a big scar on his face.
  그는 얼굴에 커다란 흉터자국이 있어.
- 상처 injury, wound, hurt

appendectomy 맹장 수술

burn 화상 = scald
- I got a burn. 화상을 입었어.

bruise 타박상

fracture 골절
- He's got a leg fracture. 그는 다리가 골절됐어.

cast 깁스

rupture 파열 = bursting, breakage

더 알면 좋은 '질병' 관련 단어들

acrophobia 고소 공포증　**claustrophobia** 밀실공포증　**epilepsy** 간질　**hydrophobia** 공수병

hypochondria 심기증, 우울증　**lovesickness** 상사병　**rabies** 광견병

우리 심심한데
병원놀이나 할까

앞에서 병에 대한 이야기를 했으니 이제는 치료treatment 를 해야겠네요. 그래서 이번에는 **hospital** 병원과 **doctor** 의사를 살펴볼까 합니다. 잘 봐뒀다가 아플 때 번지수를 잘 찾아야 해요. 머리가 아픈데 치과에 간다든가 이가 아픈데 산부인과에 가면 곤란하잖아요.

병원 진료절차

여러분이 감기에 걸려서 병원에 가면 **consult a doctor** 진찰받다 하게 되죠. 그러면 의사선생님이 병에 대한 **diagnosis** 진단 를 내린 뒤에 **prescribe** 처방하다 해주시죠. 그 다음에 **nurse** 간호사 에게 이끌려 **injection** 주사 을 맞으러 주사실 injecting room 로 가게 됩니다. 무섭다구요? "Don't make a big fuss!" 엄살 부리지 마!

자, 이쪽으로…

주사실

외국에서 아플 땐 이렇게!

외국에선 아프면 안 돼요. 그래도 아프다면 우선 큰 슈퍼나 잡화 및 약을 취급하는 drug-store(약국)에서 약을 사먹으세요. 가벼운 증상엔 이 방법이 최고입니다. 좀 심각하게 아프다면 일단 병원에 전화해서 예약해야 해요. 걱정하지 마요. 대부분 아주 친절하니까 천천히 물어가며 대답하면 돼요. 그 다음엔 예약시간에 맞춰 병원에 가요. 30분 전에 가서 환자카드를 작성해요. 그러면 먼저 간호사가 증상을 물을 거예요. 간단히 대답한 후 의사 진료를 받으면 됩니다. 그리고 처방전 들고 약국 가서 약 타면 돼요~.

hospital [háspitl]   **doctor** [dáktər]   **consult a doctor** [kənsʌ́lt ə dáktər]
diagnosis [dàiəgnóusis]   **prescribe** [priskráib]   **nurse** [nəːrs]   **injection** [indʒékʃn]

medicine은 병을 치료하기 위한 약을 말해요. 특히 의사의 처방전이 있어야 살 수 있는 약을 말하죠. dietary supplement는 직접적으로 병을 치료하려는 목적이 아니라 음식물 섭취에서 부족한 영양소를 보충하기 위해 파는 비타민제나 칼슘제, 철분제 등을 말합니다. 처방전이 없이 약국에서 살 수 있는 약은 OTC(over-the-counter)라고 해요. 약국 카운터 너머로 바로 살 수 있다는 뜻이죠.

그런 다음에는 **medical fee** 진찰료를 내고 **prescription** 처방전을 들고 병원 안에 있는 **dispensary** 병원 내 약국 나, 밖에 있는 아무 **pharmacy** 약국 로 가서 **medicine** 약을 받으면 돼요. 그러고는 집에 가서 푹 **get some rest** 쉬다 하면 되는 거죠. 병이 악화돼서 정상적인 생활이 불가능해지면 바로 **be admitted into a hospital** 입원하다 하고, **health insurance** 건강보험 만으로는 모두 충당할 수 없으니까 돈도 충분히 준비해야겠죠. 우리 모두 이런 일이 생기지 않도록 평소에 건강에 만전을 기합시다!

우리말 '몸살'이 왜 몸살인지 아세요? 그만 놀고 몸 좀 사리라는 뜻이래요. 썰렁한가요? -,-;

① ② ③ ④ ⑤ ⑥

Remedies At the Pharmacy 약국에서 구할 수 있는 치료약

① 감기걸렸을 때(감기약) cold medicine
② 위통이 있을 때(제산제) antacid/Alka Seltzer
③ 목 아플 때(로젠조-목캔디) throat Lozenges
④ 기침할 때(기침약) cough syrup
⑤ 두통이 있을 때(진통제) aspirin/painkiller
⑥ 가벼운 상처(밴드) adhesive bandage/Band-Aid

---

medical fee [médikəl fi:] **prescription** [priskrípʃən] **dispensary** [dispénsəri]
pharmacy [fá:rməsi] **medicine** [médəsin] **get some rest** [get səm rest]
be admitted into a hospital [bi ædmítid intə ə háspitl] **health insurance** [hélθ inʃúərəns]

병원

병원은 크게 모든 진료가 가능한 **general hospital** 종합병원과 개인 전문 병원인 **clinic**으로 나뉩니다. **public health center** 보건소 는 저렴하면서도 웬만한 의료시설이 갖추어져 있으니까 잘 이용하자구요. 저 보건소 홍보사절단 아닙니다~.

병원에 가면 부서도 엄청 많죠. 우선 응급 환자들이 **ambulance** 구급차 에 실려와서 **first aid** 응급치료를 받는 **emergency room** 응급실이 생각나네요. 그 다음은 X-ray촬영 등을 하며 **patient** 환자 들의 속을 훤히 들여다보는 **radiology** 방사선과 도 있구요.

• Your lung X-rays look clear. 당신의 폐는 X-ray상에는 이상이 없어요.

병원에서 제일 무서운 곳은? **operating room** 수술실 이 아닐까요. 물론 허락된 사람 외에는 아무나 들어갈 수 없는 **ICU** 중환자실 도 그렇죠. 여러분 모두 두 곳에 가야 할 상황이 생기지 않길 바라요.

---

general hospital [ʤénərəl háspitl]   **clinic** [klínik]   **public health center** [pʌ́blik helθ séntər]
ambulance [ǽmbjuləns]   **first aid** [fəːrst eid]   **emergency room** [imə́ːrʤənsi ruːm]
patient [péiʃənt]   **radiology** [rèidiáláʤi]   **operating room** [ápərèitiŋ ruːm]   **ICU** [ai si ju:]

병원에 가면 유가족 the bereaved family 들이 모여서
울고 있고 **condolences** 조의 를 표하고 **incense
burning** 분향 도 하게 되는 **mortuary** 영안실 가
떠오릅니다. 그곳에서 장례와 관련된 일을
도와주는 분이 **mortician** 장의사 이죠.
• His dead boby was placed in a
mortuary. 그의 시체는 영안실에 안치됐어.

의사

이제 우리 병을 **treat** 치료하다 해주는 여러 의사들을 만나볼까요? 우선 의사가 되
려면 의과대학 medical school 을 졸업하고
수련과정 internship 인 **intern** 인턴 을 거
쳐야 해요. 그 다음에 전문의 과정을
밟는 **resident** 레지던트 생활을 해야
합니다. 레지던트는 응급실에서
자주 볼 수 있죠.
• Jack is a resident at
a general hospital. 잭은 종합병원에서 레지던트로 일하고 있어.

의사는 크게 **physician** 내과의사 과 **surgeon** 외과의사 으로 나뉘죠. 그리고 전문의
가 아닌 일반 개업의를 **general practitioner** 라고 하는데, 내과에서 외과
까지 모두 진료하는 동네 병원이 일반적입니다.

---

condolences [kəndóuləns]　**incense burning** [ínsens bə́:rniŋ]　**mortuary** [mɔ́:rtʃuèri]
mortician [mɔ:rtíʃən]　**treat** [tri:t]　**intern** [intə́:rn]　**resident** [rézədnt]　**physician** [fizíʃən]
surgeon [sə́:rdʒən]　**general practitioner** [dʒénərəl præktíʃənər]

자! 이제 머리 부분을 진료해주는 의사들부터 자세히 알아볼까요? 먼저, 정신과 관련된 일을 하는 **psychiatrist** 정신과 의사 가 있죠. 저도 알고 지내는 psychiatrist가 한 분 있죠. 예전에는 **deranged** 미친 한 사람만 정신과 다닌다고 생각했었는데, 세상이 복잡해지면서 정신과 치료가 필요한 사람이 많아졌죠.

그 다음에 눈에 이상이 있을 때 만나게 되는 **oculist** 안과 의사 가 있죠. 안과에 가면 시력 vision 을 측정하는 **optometrist** 검안사 도 있어요. 보통은 안경을 파는 **optician** 안경상 과 함께 있는 경우가 많아요. 코나 귀, 목 등이 아프면 **otolaryngologist** 이비인후과 의사 에게 진료를 받죠. 이 양반이 하는 일이 힘든 일이라서 그런지는 몰라도 단어 한번 엄청 어렵죠?

엿을 먹다가 이가 빠졌다면 **dentist** 치과 의사 에게 가야겠죠. 그리고 아픈 곳이 하나도 없는 얼굴에 치료 아닌 치료를 하는 의사가 있어요. **cosmetic surgeon** 미용 성형외과 의사 이죠.

---

psychiatrist [sikáiətrist] **deranged** [diréinʤd] **oculist** [ákjulist] **optometrist** [aptámətrist]
optician [aptíʃən] **otolaryngologist** [òutoulàriŋàləʤist] **dentist** [déntist]
cosmetic surgeon [kazmétik sə́:rdʒən]

심장이 심하게 **throb** 고동치다 하고 안정이 안 되거든 얼른 **cardiologist** 심장 전문의 에게 찾아가세요.

비뇨 계통에 문제가 생겼다구요? 그럼 당장 **urologist** 비뇨기과 의사에게 찾아가야 하구요. 임신 중 출산의 기미가 보이면 얼른 **obstetrician** 산과 의사에게 가야 해요. 여성들은 나이가 들면서 여러 가지 생식기나 호르몬과 관련된 부인병 gynecopathy 이 생기는 경우가 많은데요, **gynecologist** 부인과 의사에게 진찰을 받아야 합니다. 또 길 가다가 넘어져서 발을 삐었으면 당장 **orthopedist** 정형외과 의사에게 달려가세요.

어근 pod[ped] '발'
어근 pod와 ped는 '발'이라는 의미로 쓰여요. iatro는 '의료'라는 뜻이구요, ist는 '사람'을 의미하죠. 그러니 podiatrist는 '발 치료 전문의'가 되네요.
· tri(3) + pod(발) → 삼각대 (tripod)
· pedal 페달

온몸이 긴질긴질하다구요? 그러면 **dermatologist** 피부과 의사 에게 기뵈야 헤요. 발가락이 가려운 게 무좀 athlete's foot 인 거 같다구요? 그럼 **podiatrist** 발 치료전문의 에게 가보세요.

podiatrist와 철자가 아주 비슷한 단어가 있는데, **pediatrician** 소아과 전문의 이에요. 헷갈리죠? 저도 그래요. 하지만 발음은 완전히 달라요. 발음, 발음, 발음으로 구분합니다!

throb [θrab]　cardiologist [kà:rdiálədʒist]　urologist [juərálədʒist]　obstetrician [àbstətrətríʃən]
gynecologist [gài-nikálədʒist]　orthopedist [ɔ̀:rθəpí:dist]　dermatologist [də̀:rmətálədʒist]
podiatrist [pədáiətrist]　pediatrician [pì:diətríʃən]

세상에서 가장 나쁜 의사는 누굴까요? 간이 아프다니까 맹장수술 하자고 덤비는 **quack** 돌팔이 이죠. 이런 사람한테 가느니 차라리 **shaman** 무당 을 찾는 게 나을지도 몰라요. 제가 예전에 모 TV 프로그램에서 가짜 무당으로 출연한 전과(?)가 있는 거 모르죠?

이 돌팔이!

티저

quack [kwæk]   **shaman** [ʃáːmən]

단어암기 노트

hospital 병원
· 병원 clinic, infirmary

doctor 의사

병원 진료절차

consult a doctor 진찰받다

diagnosis 진단

prescribe 처방하다

nurse 간호사

infection 주사
· I hate getting an injection. 나는 주사 맞는 거 질색이야.
· I got a flu shot. 나 독감 주사 맞았어.

medical fee 진찰료

prescription 처방전

dispensary 병원 내 약국

pharmacy 약국 = dispensary, drugstore

medicine 약 = drug, tablet, pill(알약)

get some rest 쉬다

be admitted into a hospital 입원하다
· I was admitted into a hospital due to inflenza.
나는 독감으로 입원을 했어.

health insurance 건강보험

병원

general hospital 종합병원
· Oriental Medicine Clinic 한의원

clinic 개인 전문 병원

public health center 보건소

ambulance 구급차

first aid 응급치료

emergency room 응급실
· He was taken to an emergency room by ambulance.
그는 구급차로 응급실로 후송됐어.

patient 환자

radiology 방사선과
· Your lung x-rays look clear.
당신의 폐는 X-ray상에는 이상이 없어요.

operating room 수술실

ICU 중환자실 (Intensive Care Unit)

condolences 조의
· You have my heartfelt condolence. 진심으로 조의를 표합니다.

incense burning 분향

mortuary 영안실
· His dead body was placed in a mortuary.
그의 시체는 영안실에 안치됐어.

mortician 장의사 = undertaker, funeral director

의사

treat 치료하다 = cure, heal

resident 레지던트
· Jack is a resident at a general hospital.
잭은 종합병원에서 레지던트로 일하고 있어.

physician 내과의사

surgeon 외과의사

general practitioner 일반 개업의

psychiatrist 정신과 의사 = couch doctor
- You'd better consult a psychiatrist.
  넌 정신과 의사 상담을 받아 보는 게 좋겠어.
- couch (정신 분석에 쓰이는) 베개 달린 침상

deranged 미친
= mad, crazy, insane, lunatic,psychotic

oculist 안과 의사
- The oculist advised me to wear glasses.
  안과의사가 안경 쓰라고 충고했어.

optometrist 검안사

optician 안경상

otolaryngologist 이비인후과 의사

dentist 치과 의사

cosmetic surgeon 미용 성형외과 의사
- The patient needs to get plastic surgery.
  그 환자는 성형수술이 필요해.

throb 고동치다

cardiologist 심장 전문의

urologist 비뇨기과 의사

obstetrician 산과 의사
- Husbands are allowed in the delivery room.
  남편들은 분만실에 들어올 수 있습니다.

gynecologist 부인과 의사

orthopedist 정형외과 의사

dermatologist 피부과 의사
- I consulted a dermatogist yesterday.
  어제 피부과 진료를 받았어.

podiatrist 발 치료전문의
- 어근 pod, ped 발
  tripod: 삼발이, 삼각대
  tri(3) + pod(발) → 삼각대
  pedal: 페달
  centipede: cent(100) + ped(발) → 지네
  expedite: ex(out)+ped(발) → 촉진하다 (방해물이 되는 발을 빼다)
  impede: im(안) + ped(발) → 방해하다 (발을 집어넣다)

pediatrician 소아과 전문의

quack 돌팔이
- He seems to be a disqulified quack.
  그는 무자격 돌팔이 의사처럼 보여.

shaman 무당

알면 도움되는 '병원'에서 쓰는 표현들

What are your symptoms? 증상이 어떠세요?

How long has it been bothering you?
언제부터 안 좋았어요? = Since when?

Is the pain severe? 통증이 심한가요?

Lie on your back. 똑바로 누우세요.

Lie on your stomach. 엎드리세요.

Lie on your side. 옆으로 누우세요.

I'm going to be taking a blood sample.
채혈을 할 겁니다.

I will be giving you a shot. 주사를 놓습니다.

Please rub it hard. 잘 문질러주세요.

05 감각

오감을 느껴봐

우리 몸과 관계된 여러 가지 **sense** 감각 들을 살펴볼게요. 우리 몸에는 시각, 청각, 후각, 미각, 촉각의 **five senses** 오감 가 있다는 거 알죠? 차례로 살펴봅시다.

FIVE SENSES

시각

우선 눈으로 보는 것을 표현할 때는 see, look, watch 등을 쓰는데, 벌써 단어들이 여럿 나오니까 눈이 어지럽네요. 이 단어들은 인간의 가장 일차적 감각인 **sight** 시각 에 관한 단어들이라 그 뉘앙스까지 꼭 알아둬야 해요. 잘 보세요. 여러분이 종로를 걷다가 저를 봤어요. 그건 **see**예요. 단순히 본다는 의미죠.

• I saw Moon-duk in Jongro. 종로에서 문덕 봤어.

sense [sens] **five senses** [faiv sensiz] **sight** [sait] **see** [si:]

저를 보다가 제 옆에 있는 차로 눈을 돌려 쳐다봤어요. 그게 바로 **look at**이에요. 시선을 중점으로 부각시키는 건데요, 정지된 물체를 주시해서 본다는 의미죠.

• I looked at the car beside him. 그 사람 옆에 있는 차로 눈을 돌려 쳐다봤어.

두 사람이 뭘 하나 하고 가만히 지켜보면 그게 바로 **watch**죠. 주의를 기울여 변하는 것을 계속 지켜보는 걸 말하는데요, 끓고 있는 찌개를 보고 있다거나 TV를 보고 있을 때 쓴답니다. 움직임이나 상태를 지켜본다는 의미죠.

• He watched TV with me. 그는 나하고 TV 봤어.

저를 얼핏 쳐다보고 마는 것은 **glance** 얼핏 쳐다보다 구요. 놀라서 뚫어져라 쳐다보는 것은 **gaze** 응시하다 나 stare라고 하죠. 제가 여러분에게 '메롱'이라고 하니까 여러분이 열 받아서 저를 쳐다보면 **glare** 노려보다 하는 거구요. 지나가는 쥐 한 마리를 얼핏 봤으면 이렇게 말하면 돼요. "I caught a glimpse of a mouse." 쥐를 얼핏 봤어.

look at [luk ət]　**watch** [watʃ]　**glance** [glæns]　**gaze** [geiz]　**glare** [glɛər]

peeping Tom

peeping Tom은 '엿보기를 좋아하는 사람'을 말해요. 11세기 영국에서 한 영주가 백성들에게 과중한 세금을 부과하자 그의 아내가 이를 경감해 줄 것을 부탁했다죠. 영주는 그녀가 대낮에 나체로 말을 타고 시내를 지나가면 그리하겠다고 했답니다. 그러자 시민들은 그녀의 숭고한 뜻을 기려 모두 창문을 내리고 그녀를 안보기로 약속했는데, Tom이라는 재단사가 몰래 창틈으로 엿봤다죠. 그 죄에 대한 벌을 받아 눈이 멀었다는 이야기에서 온 표현이에요.

여러분이 동해안에 일몰_{sunset} 보러 가면 정신이 이상한 거겠죠? 일출_{sunrise} 을 보러 가면 **behold** 감탄하며 보다 하는 거죠.

예전에 TV를 보는데 <불후의 명곡-조관우 편>에서 그의 명곡인 '늪'이 나오더라구요. '가려진 커튼 틈 사이로 ♬♪ 처음 그댈 보았지~이~♫♪' 이 노래가사가 바로 **peep** 엿보다 이에요. 에구~ 눈 아파. 이젠 그만~!

청각

듣는 것도 hear와 listen to가 떠오르죠. 이 둘도 잘 구분해야 해요. 여러분이 우연히 어떤 소리를 들으면 **hear**구요, 일부러 귀를 기울여 가만히 들으면 **listen to**예요. vocalist 보컬가 부르는 노래를 귀 기울여 듣고 있다면 listen to인 거죠. 남의 말을 우연히 엿들을 때는 **overhear**구요. 그 다음부터 의도적으로 엿들으면 **eavesdrop**이 돼요.

• I listened to his song. 그가 노래하는 걸 (귀 기울여) 들었어.

hear   listen to   overhear   eavesdrop

behold [bihóuld]   peep [pi:p]   hear [hiər]   listen to [lísn tu]   vocalist [vóukəlist]
overhear [óuvərhìər]   eavesdrop [í:vzdràp]

보이거나 들리는 것이 희미할 때는 **faint**라고 해요. 시끄러우면 **noisy**, 귀가 찢어질 정도로 시끄러우면 **deafening**이라고 하죠. 노래방에서 음치인 tone-deaf 사람이 마이크 터져라 노랠 부르면 **strident** 귀에 거슬리는 한 거구요, 그 노랠 듣고 누가 비명을 지르면 **shrill** 날카로운 한 소리가 되는 거예요. 그리고 가수 하동균이나 황치열 알죠? 이 두 가수의 목소리는 **husky** 쉰한데 너무 매력적이죠.

• I frowned at his deafening song.

그의 귀청이 터질 것 같은 노래 소리에 눈을 찌푸렸어.

후각

코로 냄새 맡는 **the sense of smell** 후각 을 생각해봅시다. 누군가에게 꽃을 선물 받았다면 이렇게 말하면 어떨까요. "Oh, it's so fragrant." 아! 정말 향기롭네. 여기서 **fragrant**는 '향기로운, 냄새가 좋은'이라는 뜻이거든요. 향기롭다는 의미로 aromatic을 사용하기도 해요.

• The rose is so aromatic.

그 장미는 정말 향기롭네.

faint [feint]　**noisy** [nɔ́izi]　**deafening** [défəniŋ]　**strident** [stráidnt]　**shrill** [ʃril]
husky [hʌ́ski]　**the sense of smell** [ðə sens əv smel]　**fragrant** [fréigrənt]

냄새가 고약할 때 쓰는 말이 **stinky** ^{고약한} 예요. '냄새를 맡는다'라고 할 때는 **smell**을 쓰구요.

코를 가져다 대고 킁킁거릴 때는 **sniff** ^{킁킁거리다} 를 쓰죠. 지나가다 어딘가에서 맛있는 냄새가 날 때, 혹은 개들이 낯선 사람이나 다른 개를 만났을 때 킁킁 거리는 상황을 떠올리면 쉽게 이해될 거예요.

• The dog sniffed at a stranger. ^{개가 낯선 사람에게 킁킁거렸어.}

미각

이번엔 입으로 맛을 보는 **the sense of taste** ^{미각} 에 대해 살펴보도록 하죠. 입으로 맛보는 것을 **taste**라고 하는데, taste에는 참으로 여러 가지 종류가 있답니다. 입에 쓴 약이 몸에 좋다는 말 알죠? "Good medicine always tastes bitter." ^{좋은 약은 입에 쓴 법이야.} **bitter** ^쓴 는 쓴 맛이죠. 이 책도 좀 쓰다고 생각하는 사람도 분명 있겠지만, 꾹 참고 계속 먹어봐요. 제가 덜 쓰게 하려고 무진장 노력하고 있으니까요. ^^

stinky [skíŋki] smell [smel] sniff [snif] the sense of taste [ðə sens əv teis] taste [teist]
bitter [bítər]

식초 vinegar 가 들어간 음식이나 덜 익은 green 사과는 **sour** 신하죠. 설탕이 들어가면 **sweet** 단하고, 고춧가루 red pepper powder 가 많이 들어가면 **hot** 매운 하구요. 저는 매운 걸 잘 못 먹어서 **flat** 싱거운 한 것을 좋아해요. 그래서 떡볶이를 만들 때도 고추장이나 간장 대신 겨자 mustard 소스를 듬뿍 넣어서 먹는데, 생각보다 맛있답니다.

• It's too hot for me. 이거 너무 매워.

촉각

이번엔 만져서 touch 느낄 수 있는 여러 감각들을 살펴보죠. 어린아이의 살결은 참 **smooth** 부드러운 하죠. 반대로 **rough** 거친 한 것을 느끼고 싶으면 아버지 턱을 한번 만져보세요.

혹시 실수로 끓는 boiling 물에 손 넣어본 적 있나요? 매우 **hot** 뜨거운 해서 **scalded** 덴 할 거예요. 그 뜨거운 물에 찬물을 좀 섞으면 **lukewarm** 미지근한 해지죠. 그리고 미지근한 것에서 온도 temperature 가 더 내려가면 **cool** 시원한 이 되구요, 더 내려가면 **cold** 차가운 가 돼요.

• I'm very senstive to cold. 나는 추위를 많이 타.

식은 커피

'식은 커피'란 말은 영어로 뭘까요? cold coffee라고 하면 돼요. 냉커피 아니냐구요? 냉커피는 iced coffee예요. 미지근한 것은 lukewarm이라고 하는데, 사람의 태도가 미적지근한 경우에도 이 단어를 씁니다. 참고로, cold cash는 '식은 현금, 찬 현금'이 아니라 '진짜 현금'을 말하구요, cold fish도 '찬 고기'가 아니라 '냉정한 사람, 쌀쌀맞은 사람'을 가리키죠.

---

sour [sauər]　**sweet** [swiːt]　**hot** [hat]　**flat** [flæt]　**smooth** [smuːð]　**rough** [rʌf]　**hot** [hat]
scalded [skɔːldid]　**lukewarm** [lúːkwɔ́ːrm]　**cool** [kuːl]　**cold** [kould]

이상의 오감 five senses 외에도 **hunch** 예감 나 **intuition** 직감 같은 것을 **sixth sense** 육감 로 치기도 하죠. 예전에 Bruce Willis가 주연한 영화 「The Sixth Sense」도 있었잖아요.

이 책 끝까지 재밌게 따라오면 여러분이 어휘의 고수가 될 거라는 육감이 팍팍 드는군요.

단어암기 노트

sense 감각

five senses 오감

· Taste is one of your five senses. 미각은 너의 오감 중에 하나야.

시각

sight 시각 = vision

see (의지와 상관없이) 보이다

· I saw Moon Duk in Jongno. 종로에서 문덕 봤어.

look at (눈을 돌려) 쳐다보다

· I looked at the car beside him.
  그 사람 옆에 있는 차로 눈을 돌려 쳐다봤어.

watch (움직임을) 지켜보다 = keep one's eyes on

· He watched TV with me. 그는 나하고 TV 봤어.

· He watched an earthworm crawling.
  그는 지렁이가 기어가는 것을 지켜봤어.

glance 얼핏 쳐다보다

· glance at ~을 얼핏 쳐다보다

gaze 응시하다 = stare

· gaze at ~을 (놀라서) 응시하다 = stare at

glare 노려보다

· glare at ~을 노려보다

· catch a glimpse of 얼핏 보다

behold 감탄하며 보다

· I beheld the sunrise on the beach.
  해변에서 일출을 (감탄하며) 봤어.

peep 엿보다

청각

hear (의지와 상관없이) 들리다

· I heard him singing. 그가 노래하는 걸 들었어.

vocalist 보컬

listen to (귀 기울여) 듣다

· I listened to his song. 그가 노래하는 걸 (귀 기울여) 들었어.

overhear 엿듣다

eavesdrop 도청하다 = bug, wiretap

faint 희미한

noisy 시끄러운 = loud, vociferous, boisterous, clamorous

deafening 귀청이 터질 것 같은 = earsplitting

· I frowned at his deafening song.
  그의 귀청이 터질 것 같은 노래 소리에 눈을 찌푸렸어.

strident 귀에 거슬리는 = harsh

shrill 날카로운

husky 쉰 = hoarse, raucous

후각

the sense of smell 후각

fragrant 향기로운 = aromatic, scented

stinky 고약한 = malodorous, stenchy, nasty

· Your socks smell stinky. 네 양말 냄새가 고약해.

smell 냄새를 맡다

sniff 킁킁거리다

· The dog sniffed at a stranger. 개가 낯선 사람에게 킁킁거렸어.

미각

the sense of taste 미각

taste 맛, 맛보다

bitter 쓴
- Good medicine always tastes bitter.
  좋은 약은 입에 쓴 법이야.

sour 신

sweet 단

hot 매운 = pungent, piquant
- It's too hot for me. 이거 너무 매워.

flat 싱거운
- This soup is rather flat. 이 국은 다소 맛이 없어.

촉각

smooth 부드러운

rough 거친
- He has a rough skin. 그는 피부가 거칠어.

hot 뜨거운

scalded 덴

lukewarm 미지근한 = tepid

cool 시원한

cold 차가운
- I'm very sensitive to cold. 나는 추위를 많이 타.

hunch 예감

intuition 직감

sixth sense 육감 (여섯 번째 감각)

영어로 꼭 알아둬야 할 동물들

세상에는 우리 인간 외에도 살아 움직이는 **animal** 동물 들이 많이 있죠. 그걸 다 어떻게 영어로 이야기하겠어요. 우리가 영어를 하는 데 꼭 알아야 할 동물들 위주로 살펴볼 테니, 혹시 '이 동물은 내가 집에서 **pet** 애완동물 으로 키우고 있는데 왜 안 알려주는 거야'라고 따지지 말고 잘 따라오시길!

가축과 애완동물

저는 어려서 전기도 안 들어오는 아주 깊은 산골에서 자랐어요. 제가 어렸을 때 우리집엔 동물들이 정말 많았죠.

우선 **shed** 외양간 에는 항상 **cow** 암소 한 마리가 있었어요. 이 녀석한테 **fodder** 여물 를 먹이다 제 유년시절이 다 갔답니다. 아버지가 장에 가서서 **bull** 황소 이랑 **mate** 교배시키다 시키셨는지 얼마 뒤에 이 cow가 **calf** 송아지 를 낳았어요. calf랑 참 행복한 어린시절을 보냈는데, 아! 옛날이여~.

> **bull로 비유해서 말하기**
> like a red rag to bull은 황소에게 붉은 천을 보이는 것처럼, '어떤 사람의 화를 극도로 돋우다'라는 뜻이랍니다.

animal [ǽnəməl]   **pet** [pet]   **shed** [ʃed]   **cow** [kau]   **fodder** [fádər]   **bull** [bul]   **mate** [meit]
calf [kæf]

그리고 shed 입구에는 이름이 백구였던 **dog**개 한 마리가 떡하니 버티고 앉아 있었죠. 참 영리한 진돗개였어요. 사실 순종 진돗개는 아니었고 **hybrid**잡종 였어요. 새끼도 엄청 잘 낳아서 한 번에 보통 일고여덟 마리씩 너무나 **cute**귀여운 한 **puppy**강아지 를 낳았죠.

그 옆에는 시끄럽게 꿀꿀대던 **pig**돼지 한 마리가 **pen**우리 속을 뒹굴고 있었죠. 냄새가 참 고약한stinky 곳이었어요. 집 아래 텃밭에는 **goat**염소 가 한두 마리 있었죠. 우리집에는 우리 식구 말고도 **mammal**포유류 이 이렇게 많았답니다.

---

dog [dɔːg] **hybrid** [háibrid] **cute** [kjuːt] **puppy** [pʌ́pi] **pig** [pig] **pen** [pen] **goat** [gout]
mammal [mǽməl]

이런 **livestock** 가축 들 말고도 **poultry** 가금류 도 있었어요. 마당을 가로지르면 볏단 rice-sheaf 이 한쪽에 쌓여 있었는데, 그 주변에는 꼭 **hen** 암탉 서너 마리와 **cock** 수탉 한 마리가 있었어요. 가끔 어머니가 장에서 **chick** 병아리 한 열 마리씩 사다가 풀어놓으시면 그야말로 온 집안이 정신이 하나도 없었죠. 아침에 일어나면 볏단 아래쪽에 꼭 **egg** 달걀 가 몇 개씩 있었어요. 매일 산타 할아버지한테 선물 받는 느낌이었죠.

• Our hen lays an egg everyday. 우리 암탉은 매일 달걀 한 알을 낳아.

닭 주위에는 항상 **duck** 오리 들이 함께 있었어요. 그런데 저는 오리에 대한 '안 좋은 추억'이 있어요. 제 이름이 Moon 달 Duck 오리 이라나요. 언젠가부터 사람들이 저를 달에서 온 오리라고 막 놀리기 시작한 거예요. 흑흑!!

시골집이라 화장실에서 **rat** 쥐 을 만나는 건 전혀 놀라운 일이 아니었어요. 물론 기분은 별로지만. 가끔 **cat** 고양이 이 갑자기 튀어나올 때가 있었는데 오히려 이때가 더 무서웠던 것 같아요.

• You are like a rat in a trap. 넌 독 안에 든 쥐야.

hen으로 비유해서 말하기
as rare as hen's teeth '암탉의 이처럼 희귀한', 즉 아주 보기 드문 것을 묘사할 때 쓴답니다.

livestock [láivstak] poultry [póultri] hen [hen] cock [kak] chick [tʃik] egg [eg]
duck [dʌk] rat [ræt] cat [kæt]

야생동물

많은 동물들 중 우리가 꼭 알아야 할 것
들만 언급할 테니, 궁금한 다른 동물
은 사전에서 찾아보시길~!

제가 어릴 때, 여름에는 그놈의 **snake** 뱀
가 어찌나 많은지. 어떨 때는 아예 막대기 stick 를 가
지고 다녔다니까요. 보이면 쫓으려고 말이죠. 호호호. 가끔 **poison** 독이 있다는
viper 독사 를 만나면 얼마나 무서웠다구요. **lizard** 도마뱀 는 그렇게 많이 무섭지는
않아요.

• I was nearly bitten by a viper. 독사에게 물릴 뻔했어.

언젠가는 뱀이 **frog** 개구리 를 잡아먹는 장면을 본
적도 있어요. 뱀 입이 얼마나 큰지, 한 입에 개구
리를 먹어치우더라구요. **tadpole** 올챙이 이나 편
하게 먹을 것이지, 욕심은 많아가지고 말이죠.

• The snake swallowed a frog.

그 뱀이 개구리 한 마리를 삼켜버렸어.

ambi-, amphi- '둘의'

ambi-나 amphi-는 '둘의, 양
쪽의'라는 뜻이에요. 그래서
amphibian은 둘이라는 뜻의
amphi-와 '생명'이라는 뜻의 bio
가 합쳐져 '양서류'가 되는 거죠.
• ambi(둘)+dexterous
(손재주가 있는)→양손잡이의
(ambidexterous)

개구리는 물에서도 살고 땅에서도 살지요. 그래서 '양서류(兩棲類)'라고 해요.
영어로는 **amphibian**이구요. 뱀은 **reptile** 파충류 인 거 알죠?

snake [sneik] **poison** [pɔ́izn] **viper** [pɔ́izn] **lizard** [lízərd] **frog** [frɔːg] **tadpole** [tǽdpòul]
amphibian [æmfíbiən] **reptile** [réptil]

논두렁을 지나다 옆의 **ditch** 도랑 를 보면 **a school of fish** 물고기떼 도 볼 수 있었어요. 물론 **leech** 거머리 도 많았지만. 동네에 큰 호수가 있는데 거기서는 낚시꾼들이 가끔 **carp** 잉어 도 낚아올리고 그랬어요. 가끔 **fishing net** 고기그물 에 **tortoise** 거북이 도 잡혀 올라오곤 했죠. **eel** 장어 이 잡히는 경우도 있구요. 장어는 **stamina** 스태미나, 체력 에 정말 좋다죠.

집에 돌아올 때면 풀밭에서 **grasshopper** 메뚜기 가 펄떡펄떡 뛰곤 했었죠. 나무에는 **caterpillar** 송충이 도 우글거렸구요. 송충이는 정말 징그럽게 생겼어요. 셀 수도 없는 다리와 털!

나무 밑에 보면 **ant** 개미 도 참 많았죠. 가만히 들여다보면 줄지어 가는 모습이 참 신기했어요. 잘못해서 **beehive** 벌집 를 건드려 **bee** 벌 에게 쏘인 stung 적도 많았구요. 우리 이웃집 동생은 **wasp** 말벌 에게 쏘여서 얼마나 고생했다구요.

• I was stung by a bee. 벌에 쏘였어.

ant
have ants in one's pants는 '안절부절못하다'라는 뜻이에요. 해야 할 일이 너무 많아서 정신없이 바쁜 모습을 묘사할 때는 as busy as a bee를 쓰면 돼요.

바위틈에서는 운 좋으면 **weasel** 족제비 을 볼 수도 있었죠. 족제비와 비슷하게 생긴 수달은 otter라고 하는데 물 주변에서 서식하고 천연기념물이에요.

ditch [ditʃ]　**a school of fish** [ə skuːl əv fiʃ]　**leech** [liːtʃ]　**carp** [kaːrp]　**fishing net** [fíʃiŋ net]
tortoise [tɔ́ːrtəs]　**eel** [iːl]　**stamina** [stǽmənə]　**grasshopper** [grǽshɑ̀pər]
caterpillar [kǽtərpìlər]　**ant** [ænt]　**beehive** [bíːhàiv]　**bee** [biː]　**wasp** [wasp]　**weasel** [wízl]

그리고 산에서 **hare** 산토끼 는 참 많이도 봤어요. 우리가 일반적으로 말하는 '토끼'는 집토끼인 **rabbit** 집토끼 이에요. 근데 놀라운 사실은 이 두 토끼는 습성도 다르고 유전자도 다르다는 것! 즉, 이 둘은 서로 교배가 불가능하다고 해요.

조류와 곤충

봄에는 **swallow** 제비 가 와서 '짹짹'하고 처마eaves 밑에서 울던 기억이 지금도

생생하네요. 마루에 누워 낮잠 자다 보면 가끔 제 옷에 '찍'하고 물똥을 싸놓고 날아가곤 했어요. 논에서 가까운 야산에는 항상 **cuckoo** 뻐꾸기 소리가 끊이지 않았구요. 시골의 봄은 여기저기서 분주함이 느껴졌답니다. 아, 그리운 내 고향이여!

여름에는 웬 **insect** 곤충 가 그리 많은 걸까요? 시골은 다 좋은데 그게 좀 성가셔요. 물론 **mosquito** 모기 가 가장 극성이죠. 우리집은 산골이라 여름엔 정말 장난 아니었어요. 심지어는 **mosquito net** 모기장을 두 겹으로 치고 잤다니까요.

• I hardly slept because of the mosquitos last night. 어젯밤에 모기 때문에 잠을 설쳤어.

hare [hɛər]　**rabbit** [rǽbit]　**swallow** [swálou]　**cuckoo** [kúːkuː]　**insect** [ínsekt]
mosquito [məskíːtou]　**mosquito net** [məskíːtou net]

시골에서의 화장실. 차마 말을 못하겠네요. 엉덩이에 자꾸 달려들어서 홈키퍼 같은 **insecticide**^{살충제}를 계속 뿌리면서 일을 봤다니까요, 흐흑. **moth** ^{나방}도 항상 전구_{bulb} 주위를 맴돌다가 결국은 치직하고 타서 죽잖아요. 이쁜인가요. 수많은 **ephemera**^{하루살이}들도 사람이 그리운지 죽어라 달려들죠. 낮에는 좀 살겠다 싶으면 **fly**^{파리}가 가만 놔두지를 않아서, 항상 한 손엔 **flyflap**^{파리채}을 가지고 다녔어요.

어근 cid '죽이다'
어근 cid는 '죽이다, 자르다'의 뜻이에요. insecticide에는 cid앞에 insect(곤충)가 있죠. 그래서 '살충제'가 된 거랍니다.
• herb(풀)+cide(죽이다)
  → 제초제(herbicide)

가을이 되면 산에 **pheasant** ^꿩들이 푸덕거리면서 많이도 날아다녔어요. 가끔 높이 **soar** ^{날아오르다}하는 **eagle** ^{독수리}을 보며 엄청 부러워했던 기억도 떠오르네요. 그때 보니까 오형제는 아니던데, 쩝! ^^; 그나저나 **sparrow**^{참새}는 왜 항상 전선_{electrical wire} 위에만 앉아 있었는지 몰라요. 혹시 말이죠, 충전하는_{recharge} 것 아닐까요? 헤헤.

어릴 적에도 **crow** ^{까마귀}는 왠지 좀 으스스했던 것 같아요. 온통 시커멓기 때문이겠죠. **magpie** ^{까치}는 참 좋았구요. 감나무 끝에는 항상 까치밥이라고 감을 하나 남겨놓곤 했어요. 사실은 너무 높아서 못 딴 감 _{persimmon} 일지도 몰라요.

---

insecticide [inséktəsàid]　**moth** [mɔ:θ]　**ephemera** [ifémərə]　**fly** [flai]　**flyflap** [fláiflæp]
pheasant [féznt]　**soar** [sɔ:r]　**eagle** [í:gl]　**sparrow** [spǽrou]　**crow** [krou]　**magpie** [mǽgpài]

겨울에는? 잘 몰라요. 추위를 많이 타서 밖에는 잘 안 나갔거든요. 가끔 문 틈사이로 보니까 꿩은 여전히 바쁘고, 저 멀리 **migrating birds** 철새 들이 오가는 모습은 자주 보이더군요. 추워라~. 따끈한 고구마 sweet potato 나 먹어야지.

어류

fish

like a fish out of water라고 해서 '물 떠난 물고기처럼', 즉 자기 분야가 아니어서 실력발휘를 못하는 사람을 의미한답니다.

fish 물고기 도 엄청 종류가 많잖아요. 그래서 가장 많이 쓰는 것들만 알려줄게요.

MT 가면 김치찌개에 꼭 넣는 생선이 뭐죠? 네! 정답입니다~. 참치죠. 다랑어라고도 하죠. 영어는 **tuna** 죠. 알 낳을 때 엄청 몰려든다는 **salmon** 연어 도 맛있죠. 겨울에 얼음 낚시용으로 인기인 **trout** 송어 도 있네요. 저도 잡아봤는데, 정말 커요. **squid** 오징어 좋아하세요? 마른 오징어는 위 stomach 에 부담이 된다고 하니까 조금만 먹어요.

octopus 문어 는 다리가 몇 개일까요? 8개. October도 octopus에서 온 표현이에요. October는 10월 아니냐구요? 기원전 700년에는 1년이 10개월이었다고 해요. 당시에는 8월이지만 지금은 10월이 된 거죠.

• An octopus has eight arms. 문어는 다리가 여덟 개야.

migrating birds [máigreitiŋ bə:rdz]　**fish** [fiʃ]　**tuna** [ænt]　**salmon** [sǽmən]　**trout** [traut]
squid [skwid]　**octopus** [áktəpəs]

우리 주위에서 흔히 볼 수 있는 낙지
는 좀 작잖아요, 그래서 영어로 small
octopus라고 해요. 어머니가 어렸을
때 저를 위해서 **oyster** 굴 많이 사다
주셨는데….

동물원의 동물들

아버지 손을 잡고 처음 동물원 zoo 에 갔을 때 기절하
는 faint 줄 알았어요. 동물이란 동물은 죄다 있더군요.

monkey 원숭이 는 아주 민첩한 nimble 동작으로 이
리저리 뛰어다니며 까불고, **gorilla** 고릴라 같은 **ape** 유인원
는 앉아 있는 자세가 꼭 사람이 앉아 있는 것처럼 정말
anthropoid 사람을 닮은 하더라고요. 거기 가서 처음으로 **wolf**
늑대 와 **fox** 여우 를 봤어요. 걔들은 비슷하게 생겨서 사실 지금 봐도 헷갈려요.
bear 곰 는 잠자는지 안 보였어요. 말로만 듣던
ostrich 타조 도 보고, **peacock** 공작새 이 털 잔뜩
치켜세우면서 잘난 체하는 것도 봤어요. **parrot**
앵무새 도 봤는데 그 녀석 말 절대 안 따라하던
데요. 지나가는 사람들만 날 이상하게 쳐다
봤어요.

oyster [ɔ́istər]　**monkey** [mʌ́ŋki]　**gorilla** [gərílə]　**ape** [eip]　**anthropoid** [ǽnθrəpɔ̀id]
wolf [wulf]　**fox** [faks]　**bear** [bɛər]　**ostrich** [ɔ́:stritʃ]　**peacock** [pí:kàk]　**parrot** [pǽrət]

그 유명한 **lion** 사자, **tiger** 호랑이, **elephant** 코끼리, **deer** 사슴, **camel** 낙타, **giraffe** 기린, **owl** 부엉이 등등 없는 게 없었죠. 아, **penguin** 펭귄 은 없었어요. 그건 63빌딩에서 나중에 봤죠. 거기 **aquarium** 수족관 에 가면, **whale** 고래 은 모르겠는데

dolphin 돌고래 은 있어요. 무시무시한 **shark** 상어 도 있고. 그러고 보니 웬만한 동물들은 다 본 셈인가요? 물론 아직까지 한 번도 못본 것도 있어요. **dinosaur** 공룡! 그 얘길 하니까 그 때도 살았다는 **cockroach** 바퀴벌레 가 방금 컴퓨터 옆을 지나가는군요.

요즘엔 보기 힘들지만 예전에는 머리에 **louse** 이 있는 사람이 참 많았어요. **flea** 벼룩 도 많았구요. 심지어 초등학교에서 매해 대변검사를 했는데요, **parasite** 기생충 이 참 많았거든요.

가려워 가려워

벅벅

자 그럼, 동물 이야기는 이것으로 완료!
동물들아, 안녕~.

lion [láiən] **tiger** [táigər] **elephant** [éləfənt] **deer** [diər] **camel** [kǽməl] **giraffe** [dʒərǽf]
owl [aul] **penguin** [péŋgwin] **aquarium** [əkwéəriəm] **whale** [hweil] **dolphin** [dálfin]
shark [ʃaːrk] **dinosaur** [dáinəsɔ̀ːr] **cockroach** [kákròutʃ] **louse** [laus] **flea** [fliː]
parasite [pǽrəsàit]

ANIMALS 동물들

PET

rabbit 토끼   **cat** 고양이   **dog** 강아지   **parrot** 앵무새   **goldfish** 금붕어

FARM ANIMALS

donkey 당나귀   **goat** 염소   **deer** 사슴   **cow** 암소   **rooster/hen** 닭
(수탉/암탉)

duck 오리   **pig** 돼지   **horse** 말   **sheep** 양   **turkey** 칠면조   **ostrich** 타조

WILD ANIMAL

elephant 코끼리   **tiger** 호랑이   **lion** 사자   **panda** 판다   **giraffe** 기린

fox 여우   **buffalo** 물소   **camel** 낙타   **polar bear** 북극곰   **zebra** 얼룩말

animal 동물

pet 애완동물

가축과 애완동물

shed 외양간

cow 암소
- bull 거세 안 한 황소
  ox 거세된 수소
  calf 송아지
  beef 소고기
  veal 송아지고기

fodder 여물 = forage

bull (거세 안 된) 황소

mate 교배시키다

calf 송아지

dog 개
- hound 사냥개
  cur 똥개

hybrid 잡종 = cross, mongrel

cute 귀여운

puppy 강아지
- My dog gave birth to two puppies a month ago.
  우리 개는 한 달 전에 강아지 두 마리를 낳았어.

pig 돼지
- hog (성장한) 돼지
  piglet (새끼) 돼지
  boar (거세 안 한) 수돼지
  sow (다 자란) 암돼지
  swine (집합적) 돼지

pen 우리

goat 염소

mammal 포유류

livestock 가축

poultry 가금류

hen 암탉

cock 수탉
- hen 암탉
  chicken, chick 병아리
  chicken 닭고기

chick 병아리

egg 계란
- Our hen lays an egg every day.
  우리 암탉은 매일 달걀 한 알을 낳아.

duck 오리

rat 쥐

cat 고양이

야생동물

snake 뱀
- I felt creepy at the sight of a snake. 뱀을 보고 오싹했어.
- serpent 뱀
  viper 독사, 살무사
  cobra 코브라
  anaconda 아나콘다

poison 독

viper 독사
- I was nearly bitten by a viper. 독사에게 물릴 뻔했어.

lizard 도마뱀

frog 개구리
- The snake swallowed a frog.
  그 뱀이 개구리 한 마리를 삼켜버렸어.

tadpole 올챙이

amphibian 양서류
- ambi-, amphi- 둘의, 양쪽의
  ambidexterous: ambi(둘)+dexterous(손재주가 있는)
  → 양손잡이의
  ambivert: ambi(둘)+vert(돌다) → 양향성 성격자
  ambiguous: 애매한

reptile 파충류

ditch 도랑

a school of fish 물고기 떼

leech 거머리
- Don't cling to me like a leech.
  거머리처럼 나한테 달라붙지 마.

carp 잉어

fishing net 고기그물

tortoise 거북이
- tortoise 민물거북
  turtle 바다거북

eel 장어

stamina 정력

grasshopper 메뚜기

caterpillar 송충이
- The pine tree has a number of caterpillars.
  소나무에는 송충이가 많아.

ant 개미

beehive 벌집

bee 벌
- I was stung by a bee. 벌에 쏘였어.

wasp 말벌

weasel 족제비

hare 산토끼
- hare and tortoise 토끼와 거북이

rabbit 집토끼
- I used to believe that a rabbit lives on the moon.
  나는 예전에는 달에 토끼가 산다고 믿었어.

조류와 곤충

swallow 제비
- Swallows return to Korea in spring.
  제비는 봄에 한국으로 돌아와.

cuckoo 뻐꾸기

insect 곤충

mosquito 모기
- I hardly slept because of the mosquitos last night.
  어젯밤에 모기 때문에 잠을 설쳤어.

mosquito net 모기장

insecticide 살충제
- 어근 cid 죽이다, 자르다
  genocide: gen(씨)+cide(죽이다)→종족살인
  homicide: homo(사람)+cide(죽이다)→살인
  suicide: sui(자신)+cide(죽이다)→자살
  herbicide: herb(풀)+cide(죽이다)→제초제
  patricide: patri(아버지)+cide(죽이다)→부친살해
  matricide: matri(어머니)+cide(죽이다)→모친살해
  filicide: fil(자식)+cide(죽이다)→자식살해

moth 나방

ephemera 하루살이
- ephemeral 하루살이의, 덧없는

fly 파리

flyflap 파리채

pheasant 꿩

soar 날아오르다

eagle 독수리 = vulture

· An eagle swooped down upon a chick.
독수리가 병아리를 낚아채려 내려왔어.

· hawk 매 = falcon

sparrow 참새

crow 까마귀

magpie 까치

· Koreans have regarded magpies as signs of good luck. 한국인은 까치를 행운의 징조로 여겨.

migrating birds 철새

어류

fish 물고기

tuna 참치

salmon 연어

trout 송어

· Trout ice fishing is very popular in Korea.
얼음 송어 낚시는 한국에서 인기가 많아.

squid 오징어

octopus 문어

· An octopus has eight arms.
문어는 팔이 여덟 개야.

oyster 굴

동물원의 동물들

monkey 원숭이

· Monkeys especially like eating bananas.
원숭이는 특히 바나나 먹는 걸 좋아해.

gorilla 고릴라

· A gorilla can walk on two feet.
고릴라는 두 발로 걸을 수 있어.

ape 유인원

anthropoid 사람을 닮은

wolf 늑대

fox 여우

bear 곰

ostrich 타조

peacock 공작새

parrot 앵무새

· That parrots is not good at mimicking sounds.
저 앵무새는 소리 흉내를 잘 못내.

lion 사자

· The lion is the king of beasts.
사자는 동물의 왕이야.

tiger 호랑이

elephant 코끼리

deer 사슴

camel 낙타

giraffe 기린

owl 부엉이, 올빼미

penguin 펭귄

aquarium 수족관

whale 고래

dolphin 돌고래

shark 상어

dinosaur 공룡

cockroach 바퀴벌레

louse 이
- The cat was infested with lice all over.
  그 고양이는 온몸에 이가 득실거렸어.

flea 벼룩

parasite 기생충

그 밖의 '동물' 관련 단어들

ass 당나귀   **canine** 개의   **donkey** 당나귀   **feline** 고양이의   **horse** 말   **lamb** 어린 양   **sheep** 양

07 식물

식물에 대해서도
이쯤은 알아야지

여기서는 **creature** 생물의 반 이상을 차지하는 **plant** 식물에 대해서 알아볼 거예요. 식물은 크게 **grass** 풀와 **tree** 나무로 구분한다고 해요. 그 기준이 뭐냐고 물으면 쉽게 대답하기가 어려운데, 보통 1년 이상 줄기가 지속하여 성장하면 tree고 그렇지 않으면 grass로 구분하죠. 또 잘라봐서 **annual ring** 나이테이 있으면 나무이고 그렇지 않으면 풀로 구분하는 것이 보통입니다. 그래서인지 **bamboo** 대나무는 나무가 아니라 풀이라고 하죠. 친구한테 물어보니까 낫sickle으로 벨 수 있으면 풀이고 톱saw으로 베어야 하면 나무라고 하더군요. 그 친구만의 재밌는 구분법이네요.

봤지? 나 tree 맞다니까!

어 그래

creature [krí:tʃər]   plant [plænt]   grass [græs]   tree [tri:]   annual ring [ǽnjuəl riŋ]
bamboo [bæmbú:]

식물의 몸

식물은 흙 속에 **root** 뿌리를 묻고 있죠. 물과 영양분 nutrition 을 섭취하려고 그러는 거겠죠? 물론 넘어지지 않으려고 그러기도 하겠구요. ^_^ 식물의 줄기를 **stem**이라고 하는데 보통 **stalk**은 풀이나 꽃의 줄기를, **trunk**는 나무 줄기를 말할 때 많이 써요. 줄기를 타고 위쪽으로 올라오면 **branch** 가지 를 만날 수가 있는데, 좀 큰 것은 **bough** 큰 가지 라고 하고 작은 것은 **twig** 잔가지 이라고 하죠. 사람에 비유하면 팔다리가 bough이고 손가락 발가락이 twig에 해당하겠네요. 가지에는 **leaf** 잎 가 달려 있구요. 수확의 계절 가을이 되면 나무에 주렁주렁 열리는 그것을 **fruit** 열매 이라고 합니다. 열매 중심부에는 딱딱하게 뭉쳐 있는 **core** 핵 가 있답니다. 그 안에는 **seed** 씨 가 있구요.

- This tree bears no fruit. 이 나무에는 열매가 안 열려.

봄이 되면 모든 식물이 **bud** 싹이 트다 하죠. 나중에 이것이 **flower** 꽃 가 되구요. 튤립 tulip 같은 관상화 ornamental flower 는 **bloom**이라고 하고, **fruit tree** 과일나무 에 피는 꽃은 **blossom**이라고 한답니다. 그래서 봄이 되면 경남 진해나 여

trunk

trunk는 나무 줄기를 의미하기도 하고 여행용 가방이나 반바지, 코끼리 코, 자동차 트렁크를 의미하기도 해요.

leaf

like a leaf라고 하면 '나뭇잎처럼'이라는 뜻이 돼요. 부는 바람에 나뭇잎이 떨리듯, 사람이 몸을 몹시 떨 때 쓰는 표현이랍니다.

---

root [ru:t] **stem** [stem] **stalk** [stɔːk] **trunk** [trʌŋk] **branch** [brænʧ] **bough** [bau]
twig [twig] **leaf** [li:f] **fruit** [fru:t] **core** [kɔːr] **seed** [si:d] **bud** [bʌd] **flower** [fláuər]
bloom [blu:m] **fruit tree** [fru:t tri:] **blossom** [blásəm]

의도에서 많이 볼 수 있는 벚꽃을 **cherry blossom**이라고 해요. 벚꽃의 열매가 뭐냐구요? '버찌, 체리'예요.

생일에 **bunch of flowers** 꽃다발 를 받으면 **petal** 꽃잎 이 **wither** 시들다 하기 전에 **flower vase** 꽃병 에 곱게 꽂아둬요. 시드는 게 너무 마음이 아프다면 **artificial flower** 조화 를 사면 됩니다.

식물의 종류

어렸을 때는 세상에 가장 흔한 꽃이 **cosmos** 코스모스 인줄 알았어요. 길가에 정말 많았거든요. 우리집 뒤뜰에는 작은 **flower bed** 화단 가 있었는데, 거기에 보면 **garden balsam** 봉숭아 이 참 많았어요. 꽃만 피면 누나가 그걸 곱게 빻아서 손톱에 물들이고 다녔던 기억이 나요. 이 꽃은 지조의 상징이라서 touch-me-not 으로 불리기도 한대요. 마치 절대 잊지 말라는 뜻의 **forget-me-not** 물망초 처럼 꽃 이름을 지었네요. 화단 가장자리에는 **morning glory** 나팔꽃 도 예쁘게 피어 있었답니다. 저는 어릴 때 이 꽃에서 나팔소리 trumpet call 가 날 거라 생각했어요.

cherry blossom [tʃéri blásəm]　**bunch of flowers** [bʌntʃ əv fláuərs]　**petal** [pétəl]　**wither** [wíðər]
flower vase [fláuər veis]　**artificial flower** [à:rtəfíʃəl fláuər]　**cosmos** [kázməs]
flower bed [fláuər bed]　**garden balsam** [gá:rdn bɔ́:lsəm]　**forget-me-not** [fərgét-mi-nàt]
morning glory [mɔ́:rniŋ glɔ́:ri]

우리집에는 없었지만 따뜻한
봄날 학교 가는 길이면 항상
노란 **golden bell** 개나리
과 빨간 **rose** 장미 를 여기
저기서 만날 수 있었어요.

매일 식사할 때 만나는 김치는 바
로 **Chinese cabbage** 배추 로 만
듭니다. **cabbage** 양배추 에 왜 Chinese
가 붙었냐구요? 김치 담글 때 쓰는 배추는 원산지가 중국이어서 그렇다네요. 김
밥 쌀 때 빠지지 않는 단무지 pickled radish 는 바로 **radish** 무로 만드는 거구요.
garlic 마늘 이 얼마나 건강에 좋은지 아시죠?

서양에서는 **onion** 양파 이 garlic처럼 건강에 좋다고 해서 많은 음식에 들어갑니
다. 햄버거에도 양파가 들어가잖아요. 그걸 먹기 싫다면 "Hold the onions."
양파 빼주세요. 라고 말하면 돼요. 우리나라에서는 양파와 마늘뿐만 아니라 캡사이신
capsaicin 과 비타민 vitamin 이 풍부한 **red pepper** 고추 가 다양한 요리에 들어가죠.

어렸을 때는 뽀빠이처럼 되려고 **spinach** 시금치 도 많
이 먹었죠. 또 눈에 좋다며 어머니께서
carrot 당근 을 어찌나 많이 주시던지. 그
래서 그런지, 전 시력이 참 좋답니다.

---

golden bell [góuldən bel]   **rose** [rouz]   **Chinese cabbage** [tʃàiníːz kǽbidʒ]   **cabbage** [kǽbidʒ]
radish [rǽdiʃ]   **garlic** [gáːrlik]   **onion** [ʌ́njən]   **red pepper** [red pépər]   **spinach** [spínitʃ]
carrot [kǽrət]

cucumber

as cool as a cucumber라는 '침착한'의 뜻이 랍니다.

그리고 밭에 가서 **cucumber** 오이 나 **tomato** 토마토 를 따먹던 기억도 생생해요.

예전엔 **melon** 참외 이나 **watermelon** 수박 을 서리하는 일이 가끔 있었는데요(물론 한두 개라도 절도입니다. 절대 따라하지 마세요.), 막상 가서는 수박과 **pumpkin** 호박 을 혼동해서 가져오기도 했답니다. 그리고 어려서부터 **strawberry** 딸기 와 **wild berry** 산딸기 도 엄청 좋아했어요. 지금도 딸기 킬러예요.

우리집 왼편에 커다란 **fig tree** 무화과나무 가 있었거든요. 그 옆에는 **persimmon tree** 감나무 가 세 그루나 있어서 가을 되면 만날 감만 먹고 살았던 것 같아요. 많이 먹으면 똥 안 나오는 거 알죠?

apple

the apple of discord는 '불화의 씨앗'이라는 뜻인데요, Troy 전쟁의 원인이 되었던 황금사과에서 유래된 표현이에요. 그리고 the apple of one's eye라고하면 '매우 소중한 것[사람]'을 의미하는데요, 자기 눈동자에 비칠 만큼 항상 소중히 지켜본다는 데서 유래된 표현이에요.

건너 마을에 **orchard** 과수원 를 하는 집이 있었는데, 그 집에는 우리집에 없는 **apple** 사과 부터 **(Chinese) pear** 배 는 물론이고 **grape** 포도 와 **peach** 복숭아 도 있었어요. 지나갈 때마다 어찌나 부럽던지! 우리집 뒷산에는 주인 없는 **chestnut tree** 밤나무 들이 엄청나게 많아서, 가을이 되면 동생 데리고 밤 따러 다녔답니다.

cucumber [kjúːkʌmbər]　tomato [təméitou]　melon [mélən]　watermelon [wɔ́ːtərmèlən]
pumpkin [pʌ́mpkin]　strawberry [strɔ́ːbèri]　wild berry [waild béri]　fig tree [fig triː]
persimmon tree [pəːrsímən triː]　orchard [ɔ́ːrtʃərd]　apple [ǽpl]　(Chinese) pear [(tʃàiníːz) pɛər]
grape [greip]　peach [piːtʃ]　chestnut tree [tʃésnʌt triː]

여러 가지 나무들

보통 나무를 **tree**라고 해요. 키가 작은 나무는 **shrub** 관목 이나 bush 라고 하죠. **wood**는 건축 등에 쓰이는 목재를 말하구요.

• This table is made of wood.
이 테이블은 나무로 만들었어.

bush

bush는 '관목'이라는 뜻도 있지만 '수풀'의 의미로도 많이 쓰여요. beat around the bush라는 말 자주 쓰는데요. '수풀의 주변만 치다', 즉 '에둘러 말하다, 요점을 피하다'라는 뜻이에요.

우리나라에 가장 많은 나무가 뭔지 아세요? **pine tree** 소나무 예요. 그럼 가을 하면 생각나는 나무는? 이걸 보려고 가을 주말이면 고속도로가 꽉 막히잖아요. 딩동댕~ 맞아요. 바로 **maple tree** 단풍나무 죠. 빨간 단풍잎을 따서 책갈피에 넣어 말리던 추억이 떠오르네요. 한편 **oak tree** 떡갈나무 는 목재가 **hardy** 단단한 하기로 유명해서 가구류 furniture 에 많이 쓰입니다.

어렸을 때 묵 jelly 만드는 데 최고 재료인 **acorn** 도토리 을 따러 산기슭을 헤집고 돌아다니던 기억도 새롭네요. 돌아다니다가 **ivy** 담쟁이덩굴 를 만나면 뚫고 갈 때 아주 애를 먹곤 했어요.

---

tree [triː]   **shrub** [ʃrʌb]   **wood** [wud]   **pine tree** [pain triː]   **maple tree** [méipl triː]
oak tree [ouk triː]   **hardy** [háːrdi]   **acorn** [éikɔːrn]   **ivy** [áivi]

여기서 잠깐 퀴즈 하나!

나무 중에서 가장 돈이 많은 나무는? 바로 **gingko tree** 은행나무. 헤헤.

하나 더! 마라톤 할 때 1등에게 씌워주는 것은? **laurel crown** 월계관!!

여름엔 모든 나무들이 **verdant** 신록의 한 자태를 뽐내지만, 가을이 되면 크게 두 부류로 갈라서죠. 가을에는 **leaf** 잎가 울긋불긋 물들었다가 겨울이 되면 다 떨어지는 **deciduous tree** 낙엽수 와 사계절 항상 푸르른 **evergreen tree** 상록수 가 있어요.

소나무처럼 잎이 날카로운 나무를 **coniferous tree** 침엽수 라고 하죠. 참고로 활엽수는 **broad-leaved tree**라고 해요. 활엽수의 일종인 종려나무를 **palm**이라고 하구요. 원래 palm이 손바닥이잖아요, 종려나무 잎이 손바닥처럼 넓게 생겼다고 해서 붙여진 이름이랍니다.

gingko tree [gíŋkou tri:]   laurel crown [lɔ́:rəl kraun]   verdant [vɔ́:rdnt]   leaf [li:f]
deciduous tree [disíʤuəs tri:]   evergreen tree [évərgrì:n tri:]
coniferous tree [kounífərəs tri:]   broad-leaved tree [brɔ́:dlí:vd tri:]   palm [pa:m]

VEGETABLES 채소

radish 무

zucchini 호박

eggplant 가지

tomatoes 토마토

corns 옥수수

potato 감자

artichoke 아티초크

asparagus 아스파라거스

beets 비트

broccoli 브로콜리

cauliflower 콜리플라워

cabbage 양배추

lettuce 양상추

brussel sprout 미니 양배추

carrot 당근

sweet potato 고구마

turnip 순무

leek 서양 부추파

green onions 파

onion 양파

garlic 마늘

cucumber 오이

spinach 시금치

chilli peppers (매운) 고추

peas 완두콩

sweet peppers 피망

단어암기 노트

creature 생물

plant 식물

grass 풀

tree 나무

annual ring 나이테
- You can guess the age of a tree through the annual ring. 나이테로 나무의 나이를 짐작할 수 있어.

bamboo 대나무

식물의 몸

root 뿌리

stem (나무의) 줄기

stalk (풀이나 꽃의) 줄기

trunk 줄기

branch 가지

bough 큰 가지

twig 잔가지
- It's time to prune off twigs. 잔가지를 좀 쳐야 될 때야.

leaf 잎
- foliage (집합적) 잎

fruit 열매
- This tree bears no fruit. 이 나무에는 열매가 안 열려.

core 핵

seed 씨

bud 싹이 트다 = sprout, shoot

flower 꽃
- Flowers are in full bloom. 꽃이 활짝 피어있어.

bloom (관상화의) 꽃

fruit tree 과일나무

blossom (과일나무의) 꽃

cherry blossom 벚꽃
- Cherry blossoms are in full bloom. 벚꽃이 활짝 피었어.

bunch of flowers 꽃다발

petal 꽃잎

wither 시들다

flower vase 꽃병
- I put some flowers into the flower vase. 꽃병에 꽃을 꽂았어.

artificial flower 조화

식물의 종류

cosmos 코스모스
- cosmos 코스모스, 우주, 질서 ↔ chaos 혼돈, 무질서

flower bed 화단

garden balsam 봉선화, 봉숭아 = touch-me-not
- I dye my nails with garden balsam. 손톱에 봉숭아 물들였어.

forget-me-not 물망초

morning glory 나팔꽃

golden bell 개나리 = forsythia
- The goden bells are in full bloom on the side of the road. 도로가로 개나리가 활짝 피었어.

rose 장미

Chinese cabbage 배추

cabbage 양배추

radish 무

garlic 마늘

onion 양파

red pepper 고추

spinach 시금치

carrot 당근
- Eating carrots are good for your eyes. 당근 먹으면 눈에 좋아.

cucumber 오이

tomato 토마토

melon 참외

watermelon 수박
- He was caught stealing watermelon.
  그는 수박 서리를 하다가 잡혔어.

pumpkin 호박

strawberry 딸기

wild berry 산딸기

fig tree 무화과나무

persimmon tree 감나무
- A persimmon is one of my favorite fruits.
  감은 내가 가장 좋아하는 과일 중 하나야.

orchard 과수원

apple 사과

(Chinese) pear 배

grape 포도

peach 복숭아

chestnut tree 밤나무

여러 가지 나무들

tree 나무

shrub 관목 = bush

wood 나무, 목재
- This table is made of wood. 이 테이블은 나무로 만들었어.

pine tree 소나무

maple tree 단풍나무
- The maple trees have begun to turn red.
  단풍이 빨갛게 물들기 시작했어.

oak tree 떡갈나무

hardy 단단한

acorn 도토리

ivy 담쟁이덩굴
- Ivy had crept along the walls. 담쟁이덩굴이 벽을 뒤덮었어.

gingko tree 은행나무

laurel crown 월계관

verdant 신록의

leaf (나뭇)잎
- I'm watching the falling leaves.
  나는 떨어지는 낙엽을 바라고 있어.

deciduous tree 낙엽수

evergreen tree 상록수

coniferous tree 침엽수 = needle-leaf tree
- needle 침엽수 잎

broad-leaved tree 활엽수

palm 종려나무 (사람 손바닥을 닮아서 palm이라고 한다.)
- The leaves of a palm tree resemble our palm.
  종려나무 잎은 우리 손바닥을 닮았어.

더 알면 좋은 단어들

ginseng 인삼　**greengrocer** 채소장수　**narcissus** 수선화　**vegetable** 채소

02

감정과
성격

01 기쁨과 슬픔

기쁨은 나누면 배,
슬픔은 나누면 반

기쁨

사람의 가장 기본적인 **emotion** 감정 은 **joy** 기쁨 와 **sorrow** 슬픔 가 아닐까요? 갓 태어난 아이도 **smile** 미소 짓다 하고 **cry** 울다 하는 건 자유자재로 하잖아요. 설마 갓 난아기 **baby** 가 **envy** 질투 나 **wrath** 분노 를 가지고 있다고 생각하는 건 아니겠죠?

"뭐야? 저 자식 기저귀 **diapers** 가 내 것보다 흡수력이 훨씬 좋잖아?! 우~씨!!"

"우왓, 열 받아!! 나는 젖병 **baby bottle** 나부랭이만 물리고 자기들끼리만 저 맛있는 삼겹살 구워 먹다니! (침을 질질 흘리면서) 우웃~ 맛있겠다."

역시 이상하죠? 헤헤헤.

---

emotion [imóuʃən] **joy** [ʤɔi] **sorrow** [sárou] **smile** [smail] **cry** [krai] **envy** [énvi]
wrath [ræθ]

웃는 것에도 여러 가지가 있어요. 소리 없이 미소짓는 것을 smile이라고 하고, 소리내서 웃는 것을 **laugh**라고 하죠. 이 두 가지를 가장 일반적으로 쓰면 된답니다. 그리고 이를 드러내고 씨익 웃는 건 **grin**이고, 낄낄 웃는 건 **giggle** 낄낄 웃다 이에요.

• He suddenly grined at me. 그는 나를 보더니 갑자기 씨익 웃었어.

여러분이 변비 constipation 로 고생고생하다 일주일 만에 드디어 성공했다면 **chuckle** 흡족하여 웃다 이에요. 누군가를 비웃는다고 할 때는 **laugh at** 비웃다 이구요.

만약 여러분이 로또 lottery 에 1등으로 당첨됐으면 **laugh inside** 남몰래 웃다 해야 해요. 큰 소리로 **burst into laughter** 폭소를 터뜨리다 하면 갑자기 아는 척하는 사람들이 길게 줄을 설 stand in a line 겁니다. 저도 아는 척할 거예요. 호호호.

laugh [læf]　**grin** [grin]　**giggle** [gígl]　**chuckle** [ʧʌ́kl]　**laugh at** [læf ət]
laugh inside [læf ìnsáid]　**burst into laughter** [bə:rst ìntə læftər]

어근 lud '놀다'

어근 lud는 '놀다'라는 뜻이에요. ludicrous는 lud에 형용사형 접미사 -ous가 붙어 '놀고 있다', 즉 '우스운'의 뜻이 됩니다.
- com(함께)+lud(놀다) → 공모하다(collude)

남을 **amuse**즐겁게 하다 하려면 **joke**농담를 많이 알고 있어야겠죠? 가장 **ludicrous** 우스운 한 이야기는 사람들의 실제 삶 속에서 나오는 이야기인 것 같아요.

예전에 어떤 사람이 길을 가다가 너무 똥 feces 이 마려운데 화장실을 못 찾아, 가까운 자동입출금기 ATM 가 있는 무인 self-service 은행 점포로 가서 몰래 신문지를 펴고 일을 보았대요. 그리고 나서 허둥지둥 신문지를 싸서 보듬고 나오는데 글쎄 오토바이 날치기 thief 가 그걸 잽싸게 낚아채서 달아났다지 뭐예요. ㅎㅎ 그 날치기 신문지 펴보고는 아마 꽥하고 기절했을 거예요.

이런 웃긴 얘기를 들으면 잠깐이지만 **joyous**즐거운 해지죠. 자주 웃으려고 노력합시다.

등산

'등산' 하면 climb이 떠오르죠? 근데, climb은 등산장비를 갖추고 암벽등반 등을 하는 걸 말하구요, 자전거 여행이나 가볍게 산을 오르는 일반적인 등산은 hiking을 쓴답니다.

어디선가 들은 이야긴데요, 크게 한번 웃는 게 등산 hiking 하는 것만큼 건강에 크게 도움이 된다고 하더군요. 그렇다면 세상에서 가장 건강에 좋은 건 뭘까요? 당연히 등산하면서 막 웃는 거죠. ^^; 아마 단순한 기쁨을 넘어서 **ecstasy**황홀를 느끼게 될 겁니다. 어랏!

엑스터시 ecstasy

환각성과 중독성이 매우 강한 마약(엑스터시)을 ecstasy라고 해요. 주로 캡슐과 알약 형태로 복용하는데, 도리도리라고 부르기도 하죠.

• She was throw into ecstasy at the news. 그녀는 그 소식을 듣고 황홀감에 빠졌어.

amuse [əmjúːz]   joke [ʤouk]   ludicrous [lúːdəkrəs]   joyous [ʤɔ́iəs]   ecstasy [ékstəsi]

그럴 땐 저는 다음날 등산을 합니다. 물론 산에 오르면서 계속 미친 사람처럼 웃지요. 그럼 다시 엔도르핀 endorphin 이 솟아나서 괜찮아지거든요. 저 혹시 미친 거 아닐까요? 헤헤~.

슬픔

항상 밝게 웃으면서 살 수 있다면 얼마나 좋을까요? 하지만 살다보면 어쩔 수 없이 **make a face** 인상 쓰다 하는 날도 생기죠. 그리고 계절이나 신체 바이오리듬에 따라 **upset** 우울한 한 기분이 들 때도 있어요.

사람은 심리적으로 **regret** 후회하다 할 때 우울해진다고 해요. 후회를 하면 **depressed** 의기소침한 해지면서 기분이 꿀꿀 모드로 확 바뀌는 거죠. 후회하지 않는 것, 그것이 바로 행복한 삶의 비결 secret of a happy life 이라는 말씀! 물론 후회할 일 하고서도 후회하지 않으면 그건 **shameless** 뻔뻔스런 한 거겠죠. 안타깝기는 하지만 저도 후회를 많이 하는 스타일이에요.

어근 press '누르다'

어근 press는 '누르다'라는 뜻이에요. 그렇다면 depress는? '아래'라는 뜻의 de와 press(누르다)가 합쳐져 '의기소침하게 하다'라는 뜻이 되는 거죠.
- im(안) + press(누르다)
  → 감명을 주다 (impress)

---

make a face [meik ə feis]   **upset** [ʌpsét]   **regret** [rigrét]   **depressed** [rigrét]   **shameless** [ʃéimlis]

손흥민 선수가 출전한 유럽축구 예선전 preliminary match 중계를 보고 다음날 새벽 수업에 30분이나 지각했던 적이 있어요. 잠 안자고 축구 본 걸 얼마나 후회했던지. 새벽에 나와서 저를 기다리는 학생들에게 양심의 **compunction** 가책을 느꼈답니다.

• He felt a little compunction about it.

그는 그 일에 대해 양심의 가책을 조금 느꼈어.

저는 고향이 시골이에요. 그래서 종종 **homesick** 향수을 느낀답니다. 어머니도 보고 싶고, 흑흑. 갑자기 기분이 **mournful** 슬픈 해지는군요. 특히 작년에 돌아가신 할머니만 생각하면 **shed tears** 눈물을 흘리다 하게 돼요. 할머니, 보고 싶어요~!

• I often shed tears for my deceased grandmother.

돌아가신 할머니가 보고 싶어서 종종 울어.

요즘은 주위에 **pathetic** 측은한, 한심한 한 사람들이 너무 많아서 **pity** 동정를 느껴요. 밝게 웃으면서 사는 게 좀 미안하게 느껴지기도 하구요. 여러분도 TV 보다보면 불쌍한 사람들 때문에 어느 순간 자신도 모르게 **sympathize** 동정하다 하는 걸 넘어 **moan** 슬퍼하다 하게 되지 않나요? 제가 그렇거든요. ^^;

• You're patheic. 너 참 한심하다.

compunction [kəmpʌ́ŋkʃən]   homesick [hóumsìk]   mournful [mɔ́ːrnfəl]   shed tears [ʃed tiərs]
pathetic [pəθétik]   pity [píti]   sympathize [símpəθàiz]   moan [moun]

여러분은 어떻게 우세요? 우는 데 무슨 종류가 있냐구요? 있어요. **cry**는 소리 내서 우는 거라면, **weep** 소리 내지 않고 울다 은 조용히 눈물을 흘리며 우는 거죠. 진동울음도 있냐고요? 소리 없이 몸을 부들부들 떨면서 눈물을 흘리기도 하잖아요. 흐느껴 우는 건 **sob** 흐느껴 울다 이에요. 그리고 통곡하며 우는 건 **wail** 통곡하다 이구요.

유치원 다니는 아이들이 잘하는 게, 처음에 **whimper** 울먹이다 하다가 결국에는 **blubber** 앙앙 울다 하는 거죠.

제 여동생은 어렸을 때 매일 울기만 해서 주위에서 **crybaby** 울보 라고 불렀어요. 너무 많이 울어 눈은 항상 부어 있었고, 울다가 자는 게 동생의 특기였답니다.

• My sister's eyes were swollen she was crying so much. 내 여동생은 울어서 눈이 통통 부어 있었어.

cry [krai] **weep** [wi:p] **sob** [sab] **wail** [weil] **whimper** [hwímpər] **blubber** [blǽbər]
crybaby [kráibèibi]

appease의 어원

• ad(to) + pease(peace)
→ 평화롭게 하다

peace는 다들 알다시피 평화를
의미하죠. 그렇다면 '달래다'라
는 뜻의 appease는? ap-는 접두
사 ad-의 변형이에요. ad-는 to
의 의미로, '접근, 방향, 변화, 첨
가, 증가, 강조'의 뜻이죠. pease
는 peace의 변형이구요. 따라
서 상대방을 평화로 보내다(to
peace), 즉 '상대를 진정시키다,
달래다'의 뜻이 되었답니다.

그렇게 동생이 울 때는 제가 업어주면서 많이
appease 달래다 했었죠. 그렇게 업어주면서까지
달래는데도 계속 울면 그냥 같이 울었어요.

appease [əpíːz]

기쁨

emotion 감정

joy 기쁨

sorrow 슬픔

smile 미소 짓다
- The scary-looking man smiled at us.
  무섭게 생긴 사람이 우리 보고 미소 지었어.

cry 울다

envy 질투

wrath 분노

laugh (소리내어)웃다

grin (씨익) 웃다
- He suddenly grinned at me.
  그는 나를 보더니 갑자기 씨익 웃었어.

giggle 낄낄 웃다

chuckle 흡족하여 웃다

laugh at 비웃다
- Are you laughing at me? 너 나 비웃는 거야?

laugh inside 남몰래 웃다
- I bet you are laughing inside.
  난 네가 속으로는 웃고 있다고 확신해.

burst into laughter 폭소를 터뜨리다
- burst out crying 울음을 터뜨리다

amuse 즐겁게 하다

joke 농담

ludicrous 우스운
- 어근 lud 놀다
  ludicrous: lud(놀다)+ous(형용사형 접미사) → 우스운 (놀고 있는)
  collude: com(함께)+lud(놀다) → 공모하다
  delude: de(강조)+lud(놀다) → 가지고 놀다, 속이다
  prelude: pre(미리)+lud(놀다) → 전주
  postlude: post(후)+lud(놀다) → 후주

joyous 즐거운

ecstasy 황홀, 엑스터시(마약의 일종)
- She was thrown into ecstasy at the news.
  그녀는 그 소식을 듣고 황홀감에 빠졌어.

슬픔

make a face 인상 쓰다
- Don't make a face! 인상 쓰지 마!

upset 우울한 = down

regret 후회하다
- Don't regret what happened. 이미 벌어진 일을 후회하지 마.

depressed 의기소침한, 불경기의
- I suddenly became depressed. 나는 갑자기 의기소침해졌어.
- 어근 press 누르다
  depress: de(아래)+press(누르다) → 의기소침하게 하다
  impress: im(안)+press(누르다) → 감명을 주다
  compress: com(강조)+press(누르다) → 압축하다
  suppress: sub(아래)+press(누르다) → 진압하다, 억제하다
  repress: re(강조)+press(누르다) → 진압하다, 억제하다

shameless 뻔뻔스런

compunction 가책
- He felt a little compunction about it.
  그는 그 일에 대해 양심의 가책을 조금 느꼈어.

homesick 향수
- As years go by, I feel more homesick.
  해를 거듭할수록 고향 생각이 나.

mournful 슬픈, 슬픔에 빠진

shed tears 눈물을 흘리다
- I often shed tears for my deceased grandmother.
  난 돌아가신 할머니가 보고 싶어서 종종 울어.

pathetic 측은한, 한심한
- Isn't it pathetic? 거 참 말도 안 되지 않니?
  You're pathetic. 너 참 한심하다.
- 어근 **path** 느끼다(feel)
  pathetic: **path**(느끼다)+**tic**(형용사형 접미사)→측은한
  antipathy: **anti**(반대)+**path**(느끼다)→반감
  apathy: **a**(not)+**path**(느끼다)→무관심, 냉담
  telepathy: **tele**(멀리)+**path**(느끼다)→텔레파시
- '형편없는, 한심한, 추한'이라는 의미로 쓰이기도 한다.

pity 동정

sympathize 동정하다

moan 슬퍼하다

cry (소리 내어) 울다

weep 소리 내지 않고 울다

sob 훌쩍훌쩍 울다, 흐느껴 울다
- I heard her sobbing loudly.
  나는 그녀가 크게 흐느껴 우는 걸 들었어.

wail 통곡하다

whimper 울먹이다
- The child was lost and began to whimper.
  그 아이는 길을 잃고 훌쩍이기 시작했어.
- Starts off with a bang and ends with a whimper.
  용두사미 (큰 소리로 시작했다가 작은 소리로 끝난다)

blubber 앙앙 울다

crybaby 울보
- Don't be such a crybaby. 그렇게 울보처럼 굴지 마.

appease 달래다
- Please try to appease that crying child.
  저기 우는 애 좀 달래봐.

세상에서 제일 놀랍고도
무서운 이야기

살다보면 예기치 못한 일에 **surprised** 놀라는 할 때
가 많죠. 조금 놀라는 경우에서 크게 놀라
는 경우까지 순서대로 늘어놓아 볼까요?

surprise < astonish[amaze] < astound < dumbfound < consternate/alarm

위에서 보듯이 의외로 **alarmed** 너무 놀란 의 의미가 세고, surprise의 의미가 제일
약합니다. 그러니까 숨도 제대로 못 쉬게 엄청 놀랐으면서 다음과 같이 표현하면
안 되겠죠? "I was surprised at the news." 나 그 소식 듣고 놀랐어.

아침에 alarm을 듣고도 일어나지 않는 사람은 alarm의 뉘
앙스 nuance 를 너무 무시하는 거죠. 생각해보세요. 새벽의
고요와 정적을 깨우는 시끄러운 벨소리, alarm의 의
미가 강하긴 강하겠죠? 그런데 사실 개인적으
로 요즘 알람 소리는 잠을 깨우는 데 별로 효과
가 없는 것 같아요.

surprised [sərpráizd]   **alarmed** [əlá:rmd]

좀더 시끄러운noisy 소리가 필요한데…. 이런 것은 어떨까요? 천둥소리, 돼지 잡는 소리, 철문을 못으로 긁는 소리…. 이런 소리로 돼 있는 알람시계 있으면 저한테 연락해주세요~.

비현실적인 얘기지만 다음 상황을 상상해보세요. 여러분이 길가에 주차돼 있는 버스 뒤에서 몰래 볼일을 보고 있는데 차가 시동을 걸면 깜짝 놀라겠죠? 그런 상황에서 마주치게 되는 느낌이 바로 **embarrass** 당황하게 하다 랍니다. 그런데 만약 차 뒤쪽에서 사람이 내리면 그건 정말 **dismay** 당황시키다 한 거죠. 이렇게 다소 엽기적인 상황으로 단어를 외우면 기억에 오래 남는답니다.

• I was too embarrassed to say a word. 너무 당황스러워서 한마디도 못했어.

놀라는 감정을 넘어서 무서운 감정이 들 때도 있어요. 그게 바로 **frighten** 무섭게 하다 이랍니다. surprise와 구분해야 해요.

• I was surprised at the news. 나 그 소식 듣고 놀랐어.
• I was frightened at the news. 그 소식 듣고 무서웠어.

embarrass [imbǽrəs] **dismay** [disméi] **frighten** [fráitn]

fear 공포 중에서도 좀 특별한 것이 있는데요, 많은 사람들이 한꺼번에 느끼게 되는 다소 집단적인 공포를 **panic**이라고
합니다. 예를 들어 전쟁이나 테러 소
문이 돌 때 우리가 느끼게 되
는 감정이 panic이에요.

• Don't panic. 진정해.

꼭 불교 Buddhism 신자가 아니더라도, 절의 법당에서 부처님을 바라보면 **awe** 경외감
가 느껴지죠. 다소 편안하면서도 존경하는 감정을 느끼게
되잖아요. 조금 무섭기도 하면서 말이죠. 전 부처님이 제
마음을 훤히 들여다보는 것 같아 조금 무섭더라구요.
그래서 그런가요, 꼭 참회하게 되더군요.

호러 영화를 보면 **awful** 끔찍한 한 장면이 많이 나오
잖아요. 누군가를 **intimidate** 위협하다 하거나 갑자기
나타나 **ghastly** 소름끼치는 한 상황을 만들기도 하고….
그래서 호러 영화를 볼 때면 **aghast** 아연실색한 해서
영화의 반은 눈을 감고 보게된다니깐요.

• He stood aghast at the terrible sight.

그는 끔찍한 광경을 보고 넋이 나간 듯 서 있었어.

엄청난 공포 panic
Pan이라는 신은 그리스·로마 신화에 나오는 '숲의 신'이에요. 워낙 모습이 흉측한 신인데, 숲에서 노는 연인들을 질투하여 갑자기 나타나 그들을 놀라게 했다고 해요. 그 뒤로 갑작스럽고 엄청난 공포를 panic이라고 부르게 되었답니다.

intimidate
intimidate는 <in(안)+timid(겁많은)+ate(~하게 만들다)>의 조합이에요. 그래서 '겁을 집어넣다, 위협하다'는 뜻이 되는 거죠.

---

fear [fiər]   **panic** [pǽnik]   **awe** [ɔː]   **awful** [ɔ́ːfəl]   **intimidate** [intímədèit]   **ghastly** [gǽstli]
aghast [əgǽst]

여러분은 공동묘지 public cemetery 에서 하룻밤 야영 camping 할 자신 있나요? 그렇다고 한다면 정말 **brave** 용감한 한 사람이네요. 저는 **cowardly** 겁 많은 한 사람이라 못할 것 같아요. **coward** 겁쟁이 라고 놀려도 어쩔 수 없어요. 무서운 건 싫으니깐!

이.. 이봐...

brave [breiv]　**cowardly** [káuərdli]　**coward** [káuərd]

106

단어암기 노트

surprised 놀란
- I was surprised at the news. 그 소식 듣고 놀랐어.

alarmed 너무 놀란
- I was alarmed at the sound. 나는 그 소리에 깜짝 놀랐어.
- alarm clock 알람시계
  The alarm clock goes off. 알람시계가 울린다.
- set the alarm clock 알람시계를 맞추다
  turn off the alarm clock 알람시계를 끄다

embarrass 당황하게 하다
- I was too embarrassed to say a word.
  너무 당황스러워서 한마디도 못했어.

dismay 당황시키다

frighten 무섭게 하다
- I was very much frightened at the scene.
  그 장면 보고 너무 무서웠어.
- I was frightened at the news. 그 소식 듣고 무서웠어.
- fright 공포
  flight 비행, 도주, 도망
  freight 화물

fear 공포

panic 집단적인 공포, 공황, 공황 상태에 빠지다
- Don't panic. 진정하세요.
- The sudden slump in stocks caused a panic with investors. 주식이 갑자기 폭락하여 투자자들 사이에 공황이 발생했다.

awe 경외감
- I felt awe when I saw his statue.
  그의 동상을 보고 경외감을 느꼈어.

awful 끔찍한 = terrible

intimidate 위협하다

ghastly 소름끼치는
- get goosebumps 소름끼치게 하다, 오싹하게 하다
  I got goose bumps when she touched me.
  그녀가 나를 만질 때 닭살이 돋았어.

aghast 아연실색한
- He stood aghast at the terrible sight.
  그는 끔찍한 광경을 보고 넋이 나간 듯 서있었어.

brave 용감한
- He was brave enough to spend one night in a cemetery.
  그는 공동묘지에서 하루 밤을 잘 정도로 용감했어.

cowardly 겁 많은

coward 겁쟁이
- He is a coward. 그는 겁쟁이야.
= He is yellow-bellied.
  He has no guts.
  He has no backbone.
  He's a chicken.

03 질투·실망·화

걔가 더 좋다구?
실망이야, 저리 가

인간의 감정도 진화evolution 하는 걸까요? **joy** 기쁨 와 **sorrow** 슬픔 가 인간의 가장 기본적인 감정이라면 **anger** 화 나 **fear** 공포 , **envy** 부러움, 부러워하다 등은 좀더 진화된 아니 퇴화된 감정일 거예요.

나이가 들어가면서 우리의 **innocent** 순수한 한 감정은 여러 가지 이물질이 끼어들면서 서서히 **corrupt** 타락한 하는 게 아닐까요? 너무 부정적인 해석인가? 쩝!!

어근 rupt '깨다'
어근 rupt는 '깨다'라는 의미예요. corrupt에서 cor는 의미를 강조하는 com의 변형이구요. 거기에 rupt가 붙었으니 '타락한'의 의미가 된 거죠.
· dis(멀리) + rupt(깨다) →
  붕괴시키다(disrupt)

• He is in deep sorrow.
  그는 깊은 슬픔에 잠겨있어.

그 중에서도 나랑 친한 친구가 다른 친구랑 나보다 더 친하게 지내면 화가 나는 것처럼 단순한 감정 상태를 넘어서 자기보다 우월한superior 다른 사람을 시기하

joy [ʤɔi]   **sorrow** [sárou]   **anger** [ǽŋgər]   **fear** [fiər]   **envy** [énvi]   **innocent** [ínəsənt]
corrupt [kərʌ́pt]

고 심지어 미워하기까지 하는 **jealousy**

시샘 의 단계까지 갔다면 이미 우리

의 순수한 영혼은 거의 구제불능인

irremediable 상태가 되는 거죠. 그러

니까 이제부터 적당히 **content** 만

족해하는 할 줄 아는 사람이 돼야 해요. 저도 이제부터 원고 쓸 때, 만족해하며 써나

가야겠어요. 이런 말 들어봤죠? "Happiness consists in contentment." 행복은

만족에 있다.

I envy you.

친한 친구가 다음주에 해외여행 간다고 가정해봅시다. 그 상황에 우린 너무나 자연스럽게, '부럽다~'라고 얘기하죠. 하지만 미국친구들은 대부분 '오~ 잘됐네, 잘 다녀와'라고 말해요. 해외여행 간다는 원어민 친구에게 I envy you.라고 하면, 아마도 어리둥절 해하면서 '너도 가면 되잖아'라고 할 거예요.

성공한 사람을 보면서 나도 성공하고 싶다는

wish 소망 를 갖는 것은 무척 자연스러운 일이

에요. 그리고 원대한 꿈과 **ambition**

야망 이 없는 것도 자연스러운 일이구요.

우리가 어떤 일을 하다가 바라던 대로 되지 않을 때 느끼게 되는 감정이 바로

disappointment 실망 죠. 자주 느끼는 감정일 거예요. 믿었던 사람의 이상한 행

동에 **disappointed** 실망한 했다거나 약속을 지키지 못

한 나에게 실망하는 등. 이런 실망하는 감정의 동사

형은 disappoint라는 것도 함께 알아

둡시다.

jealousy [ʤéləsi]　**content** [kántent]　**wish** [wiʃ]　**ambition** [æmbíʃən]
disappointment [dìsəpɔ́intmənt]　**disappointed** [dìsəpɔ́intid]

소개팅

'나 어제 소개팅 했어'라고 말하고 싶다면 I had a blind date yesterday.라고 하면 됩니다.

저는 disappointment라고 하면 소개팅 blind date 이 떠올라요. 주선해준 친구에게 "Don't let me down." 나 실망시키지 마. 라고 말하지만 결국 실망하게 돼요. 친구 말로는 제가 찾던 바로 그 사람이라는데 막상 나가보면 아니죠. 매번 실망했던 기억뿐이라 'disappointment=소개팅'인가 봐요.

• I'm very disappointed with your behaviour. 네 행동에 정말 실망했어.

접두어 en- '만들다'

en-은 '만들다'는 의미가 있어요. enrage는 en(make)에 '분노'라는 뜻의 rage가 붙어 '격분하다'라는 의미가 된 거죠.

• en(make) + danger(위험) → 위험하게 하다(endanger)

종종 실망은 화anger 로 발전되는 수가 있죠. 졸려서 자려는 친구에게 자꾸 전화를 거는 건 그 친구를 **irritate** 짜증나게 하다 하는 거죠. 그런데 자꾸 영상 통화를 한다면 그건 **enrage** 격분시키다 하는 거구요. 아마 친구가 **rage** 격분 해서 절교하자고 **break off** 할지도 몰라요. 사람의 암세

포는 단순히 **angry** 화난 한 상태가 아니라 **indignant** 격분한 상태에서 **get angry** 화를 내다 하지도 않고 오랫동안 마음속으로 **swallow one's anger** 분을 삭이다 하게 되면 그때 생긴다고 해요.

• I got angry with her. 난 그녀에게 화가 났어.

• I got angry at his rude behavior.

난 그의 무례한 행동에 화가 났어.

irritate [írətèit]　**enrage** [inréidʒ]　**rage** [reidʒ]　**angry** [æŋgri]　**indignant** [indígnənt]
get angry [get æŋgri]　**swallow one's anger** [swálou wʌnz æŋgər]

그러니 만약 **irritable** 화 잘 내는 한 성격이라면 화를 줄이는 방법을 찾아봐야 해요. **sullen** 시무룩한, 뚱한 하거나 **blunt** 퉁명스런 한 사람들도 뚱하고 퉁명스런 감정 아래에 화가 있는 건 아닌지 잘 살펴봅시다.

irritable [írətəbl]   **sullen** [sΛlən]   **blunt** [blΛnt]

joy 기쁨

sorrow 슬픔
· He is in deep sorrow. 그는 깊은 슬픔에 잠겨있어.

anger 화

fear 공포

envy 부러움, 부러워하다

innocent 순수한
· He was also innocent when he was young.
그 사람도 어렸을 땐 순수했어.

corrupt 타락한
· 어근 rupt 깨다
　corrupt: com(강조) + rupt(깨다) → 타락한
　rupture: rupt(깨다) + ure(명사형 접미사) → 파열
　disrupt: dis(멀리) + rupt(깨다) → 붕괴시키다
　erupt: ex(밖) + rupt(깨다) → 터져나오다, 분출하다

jealousy 시샘
· He looked at the couple with jealousy.
그는 그 커플을 질투의 눈으로 바라봤어.

content 만족해하는
· complacent 자족해하는 (self-satisfied)

wish 소망

ambition 야망
· He had the ambition to be a great singer.
그는 위대한 가수가 되겠다는 야망을 가졌어.
· ambitious 야심 있는

disappointment 실망

disappointed 실망한
· I'm very disappointed with your behaviour.
네 행동에 정말 실망했어.

irritate 짜증나게 하다, 화나게 하다

enrage 격분시키다
· 접두어 en- 만들다
　enrage: en(make) + rage(분노) → 격분시키다
　endanger: en(make) + danger(위험) → 위험하게 하다
　enlarge: en(make) + large(큰) → 크게 하다, 상세히 설명하다

rage 격분

angry 화난

indignant 격분한

get angry 화를 내다
· I got angry with her 난 그녀에게 화가 났어.
I got angry at his rude behavior.
난 그의 무례한 행동에 화가 났어.

swallow one's anger 분을 삭이다

irritable 화 잘 내는

sullen 시무룩한, 뚱한
· He took a sullen attitude. 그는 시무룩한 태도를 보였어.

blunt 퉁명스런
· He is a blunt type of man. 그는 무뚝뚝한 사람이야.

04 성격과 품성

야! 성질 좀 죽여

* * *

왜 사람들은 **personality** 성격 가 서로 다른 걸까요? 옛날 고대인들의 말에 의하면, 인간은 활력을 상징하는 **blood** 피, 무기력을 보여주는 **phlegm** 담, 화를 나타내는 **bile** 담즙, **melancholy** 검은 담즙 (원래 '검은 담즙'을 의미했지만 지금은 '우울한'의 의미)의 네 가지 **humor** 체액 가 있어서 이것들이 서로 어떻게 배열되는 disposed 가에 따라 그 사람의 선천적인 **disposition** 기질 을 결정한다고 해요. 그래서 영어에도 **phlegmatic** 무기력한, **choleric** 화를 잘 내는, **melancholy** 우울한 와 같은 단어들이 있는 거죠.

당신의 체액엔 검은 담즙이 많군요.

우울해요...

- Every person has their own personality.
  사람마다 성격도 가지가지야.

melancholy

melancholy는 down, depressed와 의미가 조금 달라요. down이나 depressed는 무슨 일이 생겨서 우울한 걸 말하구요, melancholy는 습관적으로 혹은 태생적으로 우울함을 가지고 있는 성격을 말합니다.
melancholy는 melan(black)과 chloer(담즙)의 합성어로, 옛날엔 검은 담즙이 많으면 우울해진다고 생각했었다고 해요.

personality [pə̀:rsənǽləti]   **blood** [blʌd]   **phlegm** [flem]   **bile** [bail]   **melancholy** [mélənkàli]
humor [hjú:mər]   **disposition** [dìspəzíʃən]   **phlegmatic** [flegmǽtik]   **choleric** [kálərik]

disposition도 원래는 '배열'의 뜻이지만 '성질, 기질'이란 뜻으로도 쓰인답니다. 저는 개인적으로 melancholy가 많은가 봐요. 좋아하는 노래는 모두 쓸쓸한 음색의 우울한 노래거든요. 호호호.

여러분의 성격은 어때요? 처음 보는 사람과 허물없이 잘 **associate** 어울리다 하는 편이에요? 그럼 참 **sociable** 사교적인 한 거네요. 또 틀림없이 **cheerful** 명랑한 한 성격을 가진 분일 테구요. 그런데 혹시 상대방은 원하지도 않는데 계속 말 걸고 그러는 건 아닌가요?

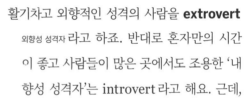

활기차고 외향적인 성격의 사람을 **extrovert** 외향성 성격자 라고 하죠. 반대로 혼자만의 시간이 좋고 사람들이 많은 곳에서도 조용한 '내향성 성격자'는 introvert 라고 해요. 근데, 외향적인 성격과 내향적인 성격 모두를 가지고 있는 사람도 있잖아요. 그런 '양향성 성격자'는 ambivert 라고 해요. 자 여기서 어원 설명 들어갑니다. -vert는 '향하다'라는 의미예요. 그리고 extro-는 '바깥쪽으로', intro-는 '안쪽으로' ambi-는 '둘(2)'의 의미랍니다.

• My mother has a very animated disposition. 우리 엄마는 매우 활기찬 성격이셔.

associate [əsóuʃièit]　sociable [sóuʃəbl]　cheerful [tʃíərfəl]　extrovert [ékstrəvə̀ːrt]

다 그렇지는 않겠지만 외향적인 사람들이 대체로 **talkative** 말 많은 한 경우가 많죠. 말이 많으면서도 유창하게 잘 하는 사람을 '**glib** 언변이 좋은 하다'라고 말하죠. 말이 많은 것은 참을 수 있지만, 남의 비밀을 쉽게 **divulge** 누설하다 하는 친

구는 참을 수 없죠. 그런 친구들과는 친해지고 싶지 않아요. 왜 이런 친구들 있잖아요. "야~ 있잖아. 너한테만 알려주는 건데~. 이런 친구를 "He has a big

mouth." 그는 입이 싸. 라고 해요. big mouth 가 입이 싼 사람이거든요. 그리고 입이 싼 친구들한테는 이런 부탁은 아무런 소용이 없는 법이죠. "Keep it to yourself." 너만 알고 있어, 비밀이야. 다음날 나만 빼고 다 알고 있을 걸요.

말을 할 때 항상 뭐든지 잘할 수 있다며 **pompous** 호언장담하는 하는 사람들이 있죠. 이런 사람들은 곧잘 실제 사실보다 좀 **exaggerate** 과장하다 하기 마련이죠. 점점 심해져서 **brag** 허풍떨다 하기까지 하더라구요. 여러분 주위에도 그런 사람 있지 않나요?

talkative [tɔ́:kətiv]   **glib** [glib]   **divulge** [diváldʒ]   **pompous** [pámpəs]
exaggerate [igzǽdʒərèit]   **brag** [bræg]

수입이나 자기가 사는 집을 과장하며 본인의 능력을 보여주려 하기도 하죠. 그런 사람에겐 이렇게 말하세요. "Shut your big mouth and stop bragging!" 허풍 떨지 마! "You're always telling tall tales." 넌 항상 허풍만 떨어.

* * *

많은 학생들이 제가 강의하는 모습을 보고는 '문덕 선생은 평소에도 참 talkative 하겠구나'라고 생각하는데, 그건 저를 완전히 잘못 본 거죠. 저는 수업시간에 말을 너무 많이 해서 그런지 개인적으로 사

reticent man...

람들 만날 때는 매우 **reticent** 과묵한 하거든요. 얼마나 말이 없으면 제 별명이 '무음(핸드폰)'이겠습니까. 정말이에요.

• He is reticent and doesn't talk much. 그는 과묵하고 말을 많이 하지 않아.

성격도 매우 **introverted** 내성적인 한 편이라서 주로 책 읽고 사색하기 좋아하는

"전 사색을 즐기죠."

introvert 내향성 성격자 랍니다. 초등학교 때 취미활동란에 '사색 contemplation'이라고 적었다가 담임선생님과 상담한 적도 있어요. 호호.

지금은 사람들 앞에서 강의를 하는 강사가 됐지만, 어렸을 때는 정말 **shy** 수줍은 해서 사람들 앞에서는 말도 잘 못했어요.

• Don't be shy. 수줍어하지 마.

저처럼 수줍음을 많이 타면 **lack of confidence** 자신 없는 한 모습으로 비춰질 수도 있으니 별로 좋은 건 아닌 것 같아요. 심하면 **timid** 소심한 하다고 여길 수도 있거든요. 그래서 초등학교 6학년 때 담임선생님의 이 말씀을 듣고 성격을 바꾸기로 마음먹었죠. "Boys, be ambitious!" 소년들이여, 야망을 가져라! 미국의 과학자 클라크 박사의 명언이더라구요. 참고로, 클라크 박사는 일본에서 초대교수로 있던 미국의 식물학자이자 농학자예요. 클라크 박사가 일본을 떠나며 제자들에게 마지막으로 남긴 말이 Boys, be ambitious.라고 해요.

> Boys, be ambitious!

confidence 자신감 가 어떤 일을 성공하는 데 얼마나 중요한지 아세요? 흥미롭고 해보고 싶은 게 생기면 **foolhardy** 저돌적인 한 태도를 갖는 것도 좋아요. 이렇게 **confident** 자신감 있는

어근 fid '믿음'

어근 fid는 '믿음'을 뜻하죠. confident는 강조어 con에 믿음을 뜻하는 fid가 합쳐져 '자신에 찬'이라는 뜻으로 된 거예요.

• con(함께) + fid(믿음)
  → 비밀을 털어놓다(confide)

---

shy [ʃai]　**lack of confidence** [læk əv kánfədəns]　**timid** [tímid]　**confidence** [kánfədəns]
foolhardy [fúːlhàːrdi]　**confident** [kánfədənt]

한 마음으로 시작하면 **positive** ^{적극적인} 한 행동이 자연스럽게 나오거든요. 그리고 이런 사람들은 자신의 미래에 대해서 **optimistic** ^{낙천적인} 하기 때문에 쉽게 **frustration** ^{좌절} 에 빠지지 않는 거 같아요.

그런데 말이죠. 노력은 눈곱만큼도 하지 않으면서 낙천적이기만 한 사람이 있다면 그건 **easygoing** ^{무사태평한} 하다고 할 수 있어요. 어릴 적 제 친구 하나는 반에서 항상 꼴찌였는데도 낙천적이었죠. 언젠가는 자기보다 못하는 친구가 전학 ^{transfer} 을 올 거라고 항상 떠들어댔답니다. 그렇게 굳게 믿다가 그냥 꼴찌로 졸업했지 뭐예요.

• I'm an easygoing person by nature.

나는 성격이 무사태평해.

살다보면 힘든 때가 오기 마련이죠. 하지만 힘들더라도 절대로 **pessimistic** ^{비관적인} 해지지 마요. 여러분에게 어떤 **promising** ^{전도 유망한} 한 미래가 찾아올지는 누구도 장담할 수 없으니까요.

• Abandon a pessimistic view of life.

비관적인 인생관을 버려.

이래도 감동이 약하다구요? 그냥 가만히 있다가 어디서 1등짜리 로또복권이라도 당첨됐으면 좋겠다구요? 이런~ 그럼 영화 「엽기적인 그녀」에서 영화배우 차

positive [pázətiv] **optimistic** [àptəmístik] **frustration** [frʌstréiʃən] **easygoing** [íːzigóuiŋ]
pessimistic [pèsəmístik] **promising** [prámisiŋ]

태현군이 들려주는 최고의 표현을 다시 한번
가슴속에 새겨야겠네요. "우연은 진정
으로 노력한 사람들에게 신이 주는 선물
이다. Luck is a gift given by God to him who made
sincere effort." 감동적이당~.

* * *

자~ 이제 **confidence** 자신감 가 인생에서 얼마나 중요한지 알았을 거예요. 하지만
사실 어찌 보면 이렇게 무책임하고 무성의한 충고도 드문 것 같아요. 아니, 지금
자신감을 가질 수 없는 상황인데 어떻게 자신감을 잃지 말라는 건지…. 그런 상
황에서는 오히려 화가 나지 않을까
요? 그래서 제가 자신감을 갖는 '방
법'에 대해 알려드릴게요.

• Don't lose your self-confidence.
  자존감을 잃지 마.

여러 전문가들이 말하는 자신감을 갖는 방법은 **pride** 자존심 를 키우는 거예요.
자존감을 높이는 방법에는 여러 가지가 있을텐데요. 그중에서도 '남과 비교하지
말자.' '나를 정확하게 인지하자.' 그리고 '그런 나를 있는 그대로 인정하자.' 이 세
가지는 중요하다고 해요. 저도 늘 생각하며 자존감을 지키려 애 쓴답니다.

confidence [kánfədəns] **pride** [praid]

나의 자존감을 높이고 나를 사랑하기 위해 자존심을 부려야 하는 경우도 생기죠. 타인에게 짓밟힌 내 자존감에 가치를 찾아줘야 하니까요.

자존심은 가져도 좋지만 그 이복형제 half brothers 인 **conceit** 자만심 는 절대로 가지면 안 되죠. 자만심은 **vanity** 허영심, **laziness** 게으름 와 공모하여 여러분을 결국에는 파멸의 길로 이끈답니다. 조금 된다고 **puffed** 우쭐대는 하는 **haughty** 거만한 한 사람이 되는 거죠.

- Don't be too proud of your success.
  성공했다고 너무 자만하지 마라.
- The boughs that bear most hang lowest.
  벼는 익을수록 고개를 숙인다.

그러니 늘 **modest** 겸손한 하고 배우는 자세를 유지해야 하지 않을까요?

conceit [kənsíːt] vanity [vǽnəti] laziness [léizinis] puffed [pʌft] haughty [hɔ́ːti]
modest [mádist]

요즘 초등학생 뿐만 아니라 N잡러를 꿈꾸
는 직장인 등 인생역전을 꿈꾸는 많은
사람들의 선망의 대상, 유튜버를 예로 들
어볼까요. 유튜브 채널 운영은 **patient** 인

내심 있는 한 사람에게 유리하다고 해요. 꾸준히 오래 해야 수익이 나오는 특성 때
문이에요. 구독자 수가 빨리 늘지 않아 **impatient** 조급해 하
는 한다면 쉽게 지친답니다. 그렇다고 자극적인 어그로
컨텐츠로 구독자 수를 늘리려는 **rash** 경솔한 하고
headlong 무모한 한 생각은 하지 마세요.
저도 유튜브를 하고 있는데요. **hardworking**
부지런한 한 사람이 아니다보니 꾸준히 규칙적으로
올리는 게 생각보다 어렵더라고요.

Mr. Hardworking

ambition 야망, **positiveness** 적극성, **confidence** 자신감, **pride** 자존심, **modesty** 겸손,

patience 인내심! 이 여섯 가지 마음으로 다시 제대로 시작해봐야겠어요.

• APCPMP is the key to success and happiness.

APCPMP는 성공과 행복의 열쇠다. by Moon-duk

patient [péiʃənt]　**impatient** [impéiʃənt]　**rash** [ræʃ]　**headlong** [hédlɔːŋ]
hardworking [háːrdwɔ́ːrkiŋ]　**ambition** [æmbíʃən]　**positiveness** [pázətivnis]
confidence [kánfədəns]　**pride** [praid]　**modesty** [mádəsti]　**patience** [péiʃəns]

* * *

사람이 살다보면 본의 아니게 involuntarily 자기 성질이 드러날 때가 있죠. 제 남동생은 어려서부터 유달리 **stubborn** 고집 센 했어요. 그것 때문에 엄마한테 많이 혼났죠. 한번은 자기가 좋아하는 닭발을 누나가 먹었다고 다시 가져다 놓으라며 세 시간을 큰 소리로 울며 때를 쓴 적 있어요. 그래도 커가면서 나름대로 성격을 **well-rounded** 둥글둥글한 하게 바뀌나가더라구요. **compromise** 타협하다 하는 법도 배우면서요.

• My brother gets his own way with everything. 내 동생은 매사에 제멋대로야.

어근 ten[tain] '쥐고 있다'
어근 ten이나 tain은 '쥐고 있다'는 뜻이에요. tenacious는 '집요한'이라는 뜻인데요, ten(쥐고 있다)에 형용사형 접미사 -ous가 결합된 형태예요.
• ab(멀리) + tain(쥐다) →
  삼가다(abstain)

하지만 **tenacious** 집요한 해야 하는 상황도 있죠. 예를 들어, 경찰은 사건을 집요하게 조사해야 해요. 범인이 **diehard** 완강한 한 태도로 부인하더라도 말이죠.

나이 드신 분들 중에는 어떤 생각이 굳어져서 **obstinate** 완고한 하게 된 분들도 있죠. 특히 우리나라에는 지역감정 regionalism 을 무슨 대단한 철학이나 된 듯이 오히려 자랑처럼 내세우는 사람들이 종종 있는데, 저에겐 가장 어리석고 바보 같은 사람처럼 보이더라구요. 땅덩어리가 넓으면 말도 않겠어요. 코딱지만한 땅

stubborn [stʌ́bərn]　**well-rounded** [wélráundid]　**compromise** [kámprəmàiz]
tenacious [tənéiʃəs]　**diehard** [dáihàːrd]　**obstinate** [ábstənət]

에서 그걸 갈라놓고 서로 아등바등 다투고 있으니 외국사람들이 보면 얼마나 **narrow-minded** 옹졸한 해 보이겠어요. 그나저나 일본 정치인들이 남의 땅을 끝까지 자기 땅이라고 우기는 것을 보면 정말 한심해요. 독도는 우리 땅이라니까~!

prejudice 편견 에 사로잡혀 '우물 안 개구리 the frog in the well'로 세상을 살아가는 것처럼 불행한 일이 또 있을까요? 때로는 자신의 **stereotype** 고정관념 을 과감히 깨뜨리고 마음의 폭을 넓히면 정신적 행복을 얻을 수 있답니다. 자기와 의견이 다른 사람에 동감할 수는 없더라도 그 사람의 의견과 표현방식의 자유는 존중하면서요. 이것이 바로 홍세화 님이 자주 이야기하는 '똘레랑스 tolerance'랍니다. 우리말로는 '관용, 인내'인데요, 우리 사회에 정말 필요한 가치가 아닌가 생각합니다.

• Cast away your prejudice against me. 나에 대한 편견을 버려.

성품이 **flexible** 유연한 해지는 것은 인격 훈련을 통해서 얻어질 수 있다고 생각해요. 갓난아기를 보면 배가 고프거나 불편한 게 있으면 그게 해결될 때까지 울죠. 하지만 성장하면서 상황을 파악하고 그 상황에 맞게 문제를 해결하잖아요.

어근 flex '구부리다'
어근 flex는 '구부리다'의 의미예요. flexible은 flex(구부리다)에 형용사형 접미사 -ible이 붙은 형태로, '구부릴 수 있는', 즉 '유연한'이라는 의미가 되죠.
• in(not) + flex(구부리다) →
  고집 센, 휘지 않는(inflexible)

narrow-minded [nǽroumáindid] **prejudice** [prédʒudis] **stereotype** [stériətàip]
flexible [fléksəbl]

이번엔 종교인들의 성품으로 영단어를 알아봅시다. 목사님, 스님, 신부님 등은 **lenient** 자비로운 하고 **respectable** 존경스러운 한 분들입니다. 생각도 **catholic** 폭넓은 하고 **liberal** 너그러운 하구요.

부모는 어떨까요. 아이에게 **indulgent** 관대한 한 부모가 되려고 노력합니다. 하지만 때로는 **stern** 엄한 할 필요가 있죠. 무엇이든 지나치면 좋지 않으니까요. 아이가 친구들하고 놀다가 좀 늦게 들어온다고 그 틈을 타서 아예 이사를 가버린다거나 하면 너무 **relentless** 가혹한 한 부모겠죠? 호호호.

lenient [líːniənt]　respectable [rispéktəbl]　catholic [kǽθəlik]　liberal [líbərəl]
indulgent [indʌ́lʤənt]　stern [stəːrn]　relentless [riléntlis]

다양한 감정표현들

aggresive
공격적인

anxious
걱정스러운

arrogant
거만한, 건방진

bashful
수줍어하는

blissful
행복한, 기쁨에 찬

Cautious
주의 깊은
조심성 있는

confident
자신만만한
자신 있는

demure
침착한, 차분한

determined
단호한, 결심한

disgusted
역겨운, 정 떨어진

enraged
격분하는

frightened
깜짝 놀란

hungover
술 취한

idiotic
바보의

innocent
순수한

miserable
슬픈, 비참한

obstinate
완고한

Pained
아픈

prudish
새침떠는

regretful
뉘우치는

Satisfied
만족한

Sheepish
겁 많은
매우 수줍어하는

Smug
잘난 체 하는

Suspicious
의심이 많은
의심스러운

indecisive
우유부단한
미적지근한

125

***
---

personality 성격
- Every person has their own personality.
  사람마다 성격도 가지가지야.

blood 피

phlegm 담

bile 담즙

melancholy 우울감, 우울한

humor 체액

disposition 성질, 기질
- 어근 pos 자리, 놓다
  disposition: dis(멀리)+pos(자리) → 배열, 기질
  compose: com(함께)+pose(자리 → 구성하다
  impose: in(안)+pose(자리) → 부과하다, 강요하다
  expose: ex(밖)+pose(자리) → 노출시키다
  deposit: de(아래)+pos(자리) → 예금하다, 퇴적시키다

phlegmatic 무기력한

choleric 화를 잘 내는

associate 어울리다

sociable 사교적인 = outgoing
- He's very sociable and active. 그는 참 사교적이고 활동적이야.

cheerful 명랑한

extrovert 외향성 성격자
- introvert 내향성 성격자
- ambivert 양향성 성격자

talkative 말 많은
- She is a lively and talkative woman.
  그녀는 활기차고 말이 많은 여성이다.
- He has a big mouth. 그는 입이 싸.

glib 언변이 좋은

divulge 누설하다
- You are not supposed to divulge the secret.
  그 비밀을 누설하면 안 돼.
- Keep it to yourself. 너만 알아둬.

pompous 호언장담하는

exaggerate 과장하다

brag 허풍떨다
- Don't talk big. 허풍떨지 마.
- blow one's own trumpet 허풍떨다

***
---

reticent 과묵한
- He is reticent and doesn't talk much.
  그는 과묵하고 말을 많이 하지 않아.

introverted 내성적인 = reserved
- He is introverted and enjoy reflecting.
  그는 내향적이며 사색을 즐겨.

introvert 내향성 성격자

shy 수줍어 하는, 잘 놀라는, 모자란
- Don't be shy.
  수줍어하지 마.
- Once bitten, twice shy.
  자라보고 놀란 가슴 솥뚜껑 보고 놀란다.
- I'm one hundred dollars shy of next month? rent.
  다음 달 방세로 백 달러가 모자라.

lack of confidence 자신 없는

timid 소심한

confidence 자신감
- Don't lose your self-confidence.
  자신감 잃지 마.

foolhardy 저돌적인

confident 자신감 있는
- 어근 fid 믿음

  confident: con(강조) + fid(믿음) → 자신감 있는

  fidelity: fid(믿음) + ity(명사형 접미사) → 충성

  confide: con(함께) + fid(믿음) → 비밀을 털어놓다

  infidel: in(not) + fid(믿음) → 무신론자

  perfidy: per(through) + fid(믿음) → 배신

positive 적극적인

optimistic 낙천적인

frustration 좌절

easygoing 무사태평한
- My brother is an easygoing person by nature.
  내 형은 성격이 무사태평해.

pessimistic 비관적인
- Abandon a pessimistic view of life. 비관적인 인생관을 버려.

promising 전도 유망한

***
___

confidence 자신감
- Don't lose confidence in yourself.
  네 자신에 대한 믿음을 잃지 마!

pride 자존심
- Take pride in oneself. 자존심을 가져.
  = Have some self-respect.
  Live with some dignity.

conceit 자만심

vanity 허영심

laziness 게으름

puffed 우쭐대는
- He is puffed up with his success. 그는 성공에 우쭐해 있어.

haughty 거만한
- Don't put on a haughty air. 거만한 태도를 취하지 마.

modest 겸손한
- Don't be so modest. 지나친 겸손이십니다.

patient 인내심 있는

impatient 조급해 하는
- Don't be impatient with yourself.
  스스로에게 너무 조급해 하지 마.

rash 경솔한

headlong 무모한

hardworking 부지런한 = diligent
- He's really hardworking like an eager beaver.
  그는 일벌레처럼 부지런해.

ambition 야망

positiveness 적극성

modesty 겸손

patience 인내심
- patient 인내심 있는
- Patience is a virtue. 참는 게 약이다.

stubborn 고집 센
- My husband is as stubborn as a mule.
  내 남편은 성격이 황소고집이야.

well-rounded 둥글둥글한

compromise 타협하다 = meet ~ halfway

tenacious 집요한
- I've never seen such a tenacious man like you.
  너처럼 질긴 사람은 처음 봤어.
- 어근 ten, tain 쥐고 있다

  tenacious: ten(쥐고 있다) + ous(형용사형 접미사) → 집요한

  abstain: ab(멀리) + tain(쥐다) → 삼가다

  attain: ad(강조) + tain(쥐다) → 달성하다

  contain: con(함께) + tain(쥐다) → 포함하다

  tenable: ten(쥐다) + able(가능한) → 견딜 수 있는, 합당한

diehard 완강한, 끝까지 버티는

obstinate 완고한 = dogged

narrow-minded 옹졸한

· He's not flexible but narrow-minded.
그는 융통성이 있기는커녕 편협해.

prejudice 편견 = bias

· Cast away your prejudice against me. 나에 대한 편견을 버려.

stereotype 고정관념

flexible 유연한

· I really appreciate your being so flexible.
융통성 있게 처리해 주셔서 정말 감사합니다.

· 어근 flex 구부리다

deflect: de(off) + flex(구부리다) → 굴절시키다

inflexible: in(not) + flex(구부리다) → 고집 센, 휘지 않는

reflex: re(back) + flex(구부리다) → 반사 (뒤로 다시 구부림)

lenient 자비로운, 인정 많은

respectable 존경스러운

· 어근 spi, spe 보다

despise: de(down) + spis(보다) → 경멸하다

inspect: in(안) + spec(보다) · 조사하다

conspicuous: con(강조) + spi(보다) → 잘 보이는, 눈에 띄는

· respectful 공경하는

· respective 각자의

catholic 폭넓은

· He was extremely catholic in his reading tastes.
그는 책을 읽는 취향의 폭이 매우 넓었어.

liberal 너그러운 = broad-minded

· He's quite a broad-minded person.
그는 정말 마음이 넓은 사람이야.

indulgent 관대한, 멋대로 하게 하는

· indulge 멋대로 내버려두다, 탐닉하다

stern 엄한

· I was brought up in a stern family. 난 엄격한 가정에서 자랐어.

relentless 가혹한

· relent (화 따위가) 누그러지다

05 정직과 부정직

솔직히 말하면
그거 거짓말이야

여러분은 성선설 the ethical view that humans are born good 을 믿나요? 성악설 the ethical view that humans are born evil 을 믿나요?

영어에는 **integrity** 정직란 단어가 있는데요. 이 단어의 어원 origin 을 보면 '아무도 손대지 않은 상태'란 의미를 담고 있답니다. 그걸 보면 서양 사람들은 '성선설'의 입장인가 봐요. 아무도 손대지 않은 상태가 '정직'이니 말이죠. 에덴동산 The Garden of Eden 의 아담 Adam 과 이브 Eve 처럼 원래는 **innocent** 순진한 했다가 사탄 Satan 인 뱀 the Serpent 의 유혹에 넘어가서 **corrupt** 타락한 했다고 믿는 거죠.

born good

born evil

어근 teg/tag '접촉'

어근 teg와 tag는 '접촉, 손대다'라는 뜻이 있어요. integrity는 in(not)과 teg(touch)가 합쳐진 형태로, 손대지 않은 상태, 완전한 상태, 즉 '정직'이라는 뜻이랍니다.

• con(함께) + tig(접촉) → 서로 닿는, 인접한(contiguous)

제 생각에는 성악설, 성선설 둘 다 틀린 것 같아요. 어린아이에게 선악 good and evil 의 개념을 적용하는 것 자체가 문제가 있다는 거죠. 어린아이의 행동은 아직 **morality** 도덕 의 개념이 완성되기 전이기 때문에 **amoral** 도덕과 관계없는 하다고 말할 수 있죠.

morality를 아느냐?

집에 가자

---

integrity [intégrəti]   **innocent** [ínəsənt]   **corrupt** [kərʌ́pt]   **morality** [mərǽləti]
amoral [eimɔ́(:)rəl]

일반적으로 3세 전후가 되어야 선악의 개념을 알기 시작한다고 해요. moral과 **immoral** 부도덕한 행동에 대한 교육도 이 시기부터 가능한 거죠.

갓 태어난 인간의 **nature** 품성 는 컴퓨터 공 디스켓 blank disk 과 같아서 커가면서 그 내용이 조금씩 쌓이고 틀을 잡아가는 것 같아요. 그러니 교육과 환경은 어린아이에게 정말 중요하다고 생각해요. 타인에게 배려하는 **polite** 정중한 한 성품도 주위 환경에 영향을 받아 만들어지는 거 같아요. 물론 **impolite** 무례한 한 성품도 마찬가지겠죠.

• The waiter is always polite to customer. 그 웨이터는 항상 손님에게 정중해.

그런데 어렸을 적 아버지께서 돈을 아껴야 한다는 말씀은 거의 안 하셨던 것 같아요. 그래서 제 통장에 예금 deposit 이 별로 없나봐요. 그래도 신용불량 bad credit 상태는 아니니 너무 걱정하지 마세요. 나름대로 알뜰살뜰하게 살고 있답니다. 호호호.

honest 정직한 한 사람들은 자기 생각이나 감정을 감추지 않고 털어놓는 speak out 기질이 있죠.

• To be honest, I'm very upset with him. 솔직히 말해서, 그에게 너무 화가 나.

immoral [imɔ́ːrəl] **nature** [néitʃər] **polite** [pəláit] **impolite** [ìmpəláit] **honest** [ánist]

물론 나이 들수록 말을 조심스럽게 하게 되면서 자신의 감정을 조금씩 숨기게 돼요. **white lie** 악의 없는 거짓말 도 하게 되구요. 그러다 보면 어느 순간 자신도 **dishonest** 부정직한 한 사람이 아닌가 고민하게 되구요. 적당한 white lie는 좋지만 **butter up** 아부하다 하지는 맙시다.

• He always calls a spade a spade.
  그는 항상 솔직히 까놓고 말해.

사실 사회생활은 **evil** 악 의 끊임없는 유혹 속에서 진행되니까 스스로 도덕의 가치를 중시하고 친구처럼 곁에 두고 살 수밖에 없어요. 어찌 보면 인간이기에 타락할 수도 있고 반성할 수도 있는 것 아닐까요? 그러다가 자존심을 아예 버리고 포기한 상태에서 악을 받아들이게 되면 **wicked** 사악한 하고 **insidious** 교활한 한 사람이 되는 거겠죠. 남을 **deceive** 속이다 하는 것을 밥 먹듯이 하고, 심지어 범죄의 길에 접어들기도 하구요.

---

white lie [hwait lai]   **dishonest** [disánist]   **butter up** [bʌ́tər ʌp]   **evil** [íːvəl]   **wicked** [wíkid]
insidious [insídiəs]   **deceive** [disíːv]

어근 spi[spe] '보다'

어근 spi나 spe는 '보다'라는 의미가 있어요. respectable은 re(다시)와 spec(보다), able(형용사형 접미사)이 합해져, 자꾸자꾸 보게 된다는 의미로, 즉 '존경스러운'의 뜻이 되는 거죠.
• in(안)+spec(보다)
→ 조사하다(inspect)

우리가 소위 나쁜 사람들이라고 말하는 사람들도 모두 **conscience** 양심와 도덕 **morality** 은 반드시 갖고 있을 거예요. 다만 그걸 억누르고 있는 상태일 뿐이죠.

자신에 대한 자존심 pride 이 강한 사람은 evil의 유혹에 잘 대처하는 편인 거 같아요. 자신이 다른 사람 시선에 **contemptible** 경멸스러운 하고 **devilish** 악마 같은 하게 보이는 것을 용납하지 않죠. **despise** 경멸하다 하고 **ignore** 무시하다 하는 시선이 싫어 애초에 그럴 상황을 만들지 않는 거죠. 그러니 나의 자존심 pride 을 잘 챙기고 격려해줍시다.

conscience [kánʃəns]   **contemptible** [kəntémptəbl]   **devilish** [dévəliʃ]
despise [dispáiz]   **ignore** [ignɔ́ːr]

단어암기 노트

integrity 정직
- 어근 **teg, tag** 접촉, 손대다
  integrity: **in**(not)+**teg**(touch)
  → 정직(손대지 않은 상태, 완전한 상태)
  intact: **in**(not)+**tact**(손대다) → 완전한(손대지 않은)
  contagious: **con**(함께)+**tag**(접촉) → 전염성의
  contiguous: **con**(함께)+**tig**(접촉) → 서로 닿는, 인접한
  attach: **ad**(to)+**tach**(접촉) → 붙이다, 첨부하다
  detach: **de**(off)+**tach**(접촉) → 떼어내다

innocent 순진한

corrupt 타락한

morality 도덕
- Morality has lost its hold on the people.
  도덕이 땅에 떨어졌어.

amoral 도덕과 관계없는

immoral 부도덕한

nature 품성

polite 정중한
- The waiter is always polite to customers.
  그 웨이터는 항상 손님들에게 정중해.

impolite 무례한
- I was very angry at the child's impolite behavior.
  그 아이의 무례한 행동에 매우 화가 났어.

honest 정직한
- To be honest, I'm very upset with him.
  솔직히 말해서, 그에게 너무 화가 나.
- He always calls a spade a spade.
  그는 항상 솔직히 까놓고 말해.
- Speak out! 솔직히 말해!

white lie 악의 없는 거짓말
- A white lie is still a lie. 선의의 거짓말도 거짓말이야.
- a black lie 악의 있는 거짓말
- lie detector 거짓말 탐지기 = polygraph

dishonest 부정직한

butter up 아부하다

evil 악

wicked 사악한

insidious 교활한, 음흉한, (병이) 잠행성의, 모르는 사이에 진행하는
- He seems to be an insidious man. 그는 음흉한 사람인 것 같아.

deceive 속이다
- I didn't mean to deceive you. 너를 속일 의도는 아니었어.
- take in 속이다 = play upon
- pull one's leg 놀리다 = make a fool of

conscience 양심

contemptible 경멸스러운
- Don't mix with a contemptible man.
  경멸스러운 사람과는 어울리지 마.
- contemptuous 경멸하는

devilish 악마 같은

despise 경멸하다

ignore 무시하다

03

생활과
여행

01 주택

문덕이의 집을 공개합니닷

집들이 선물
미국에선 집들이파티 선물로 식물이나 와인을 많이 한다고 해요. 식물은 '새로운 인생', 와인은 '축하'의 의미로 말이죠.

이번에는 우리가 살고 있는 **house** 집에 대해서 한번 알아봅시다. 집을 **build** 짓다 하기 위해서는 우선 **architect** 건축기사 에게 부탁해서 **design** 설계하다 을 해야겠죠? 그런 다음, 집터 앞에 **under construction** 공사중 이라는 푯말 signpost 을 세우고 열심히 삽질을 하건 호미질을 하건 **break ground** 땅을 파다 하세요. 나중에 집을 다 짓거들랑 저도 꼭 초대하시구요.

housewarming party 집들이 파티 하는 것 잊으면 안 됩니다! 제가 **toilet paper** 화장실 휴지 한 꾸러미 사서 갈게요.

파티 하니까 생각나는 게 있네요. 제가 또 파티에 열광하지 않았겠습니까. 그럼, 어떤 파티가 있는지, 알아볼까요?

---

house [haus]　**build** [bild]　**architect** [áːrkətèkt]　**design** [dizáin]
under construction [ʌ́ndər kənstrʌ́kʃən]　**break ground** [breik graund]
housewarming party [háuswɔːrmiŋ páːrti]　**toilet paper** [tɔ́ilit péipər]

- B.Y.O.B. (Bring Your Own Booze[Bottle/Beverage]) 각자가 자기 마실 술 가지고 오는 파티

- Baby shower 임산부를 위해 여자들끼리 여는 파티
- Card party 카드게임이 주목적인 파티
- Cocktail party 간단한 스낵과 음료수가 제공되는 파티
- Graduation party 졸업파티
- Mixer 남자, 여자를 소개시켜주기 위한 파티
- Pajama party 파자마 입고 밤새 얘기하며 노는 파티
- Potluck dinner 참석하는 모든 사람이 음식을 준비해오는 파티
- Prom 고등학교 졸업 전에 가는 정장 댄스파티
- Surprise party 주인공 모르게 준비하는 파티
- Slumber party 환영파티

이만하면 됐네요~. 그럼 다시 하던 걸로 돌아가죠. 집의 종류로 들어갑니다.

집의 종류

제가 태어난 곳은 시골이라 그 당시만 해도 **cottage** 오두막 가 여기저기 많았어요. 대부분은 **straw-roofed house** 초가집 였구요. 그에 반해 부잣집들은 **tile-roofed house** 기와집 였답니다.

서울에는 **apartment** 아파트 가 참 많죠. 잠실에 있는 제2롯데월드 타워같은 엄청 높은 빌딩도 있구요. 하늘을 막 긁게 생겼다고 해서 **skyscraper** 초고층건물 라고

cottage
호수 옆이나 산에 별장처럼 생긴 오두막 있잖아요. 그런 걸 cottage라고 한답니다.

---

cottage [kátidʒ]　**straw-roofed house** [strɔ́:ru:ft haus]　**tile-roofed house** [táilru:ft haus]
apartment [əpá:rtmənt]　**skyscraper** [skáiskrèipər]

해요. scrape가 '긁다'라는 뜻이잖아요. 거기에 -er 이 붙어 '긁는/문지르는 도구'가 되구요. 말 되죠?

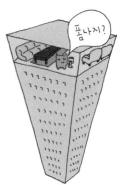

고층건물의 **top floor** 꼭대기 층에 있고 전용 elevator까지 완비돼 있는 초호화 옥상주택 은 **penthouse** 라고 하죠. 사면 이 커다란 **pane** 창유리 으로 멋지게 장식돼 있어서 뷰도 환상적이죠. 펜 트하우스 층이 있는 호텔도 있잖아요.

• This elevator stops only on the top floor. 이 엘리베이터는 꼭대기 층에만 서.

어근 bas '바닥'
base 기저, 바닥, 기슭
basis 기초, 근거
basin 대야, 분지

제가 **basement** 지하실 에 살던 시 절, 잘 아는 선배기 지기 **boarding house** 하숙집 가 penthouse라며 식사 초대를 하는 거예요. 제가 얼마나 가슴이 설레었겠어요? 근데 가보니까 **rooftop** 옥상 에 있는 **attic** 다락방 이더군요. 허풍을 떤 거였어요. 그래도 멋진 야경을 보며 식사를 했답니다.

top floor [tap flɔːr] **penthouse** [pénthaus] **pane** [pein] **basement** [béismənt]
boarding house [bɔ́ːrdiŋ haus] **rooftop** [rúːftap] **attic** [ǽtik]

미국에서는 커다란 저택을 **mansion**
이라고 하는데, 우리나라에서는 작은
public housing 공동주택에 적당히 붙여
서 사용하죠. **villa**의 경우도 마찬가지
예요. 빌라는 원래 고급스러운 별장을
뜻하거든요. 이런 mansion이나 villa
를 **rent** 세들다 하려면 엄청 비싸겠죠?

제가 어렸을 때 살던 시골 뒷산에 아무도 살지 않
는 **cabin** 통나무집 이 있었어요. 그곳을 **hideout** 아지
트 삼아 놀던 기억이 나네요. 아지트 옆 나무에
는 **beehive** 벌집 도 매달려 있었어요.

우리집 **barn** 헛간 에서는 백구가 강아지를 낳았고요.

다양한 집들

Duplex
2층집(두 가구가 사는 집)

Ranch House
랜치하우스(미국 교외에 많은
단층집)

Town House
연립주택(한 벽으로 연결된
2~3층의 주택)

Mobile Home
이동식 주택

mansion [mǽnʃən]　**public housing** [pʌ́blik háuziŋ]　**vila** [víːlaː]　**rent** [rent]　**cabin** [kǽbin]
hideout [háidaut]　**beehive** [bíːhàiv]　**barn** [baːrn]

집의 구조

저희 집 house 을 소개할게요. 우선 집에 들어오려면 커다란 **gate** 대문 를 지나야
해요. 차는 몰고 오지 마세요. **garage** 차고 에는 제 차 넣을 공간밖에 없거든요. 다
른 데 세우면 바로 견인될 tow 거예요. 그리고 걷는 게 건강에도 더 좋대요. 호호.

문이 열리면 고운 **lawn** 잔디 이 깔려 있는 **front yard** 앞마당 가 나올 거예요. 오른
편 한쪽에는 봉숭아와 민들레가 어우러진 **garden** 정원 이 있어요. 그 옆에는 자
그마한 **pond** 연못 가 있구요.

① **fense** 울타리	② **mailbox** 우편함	③ **garage** 차고
④ **garage door** 차고 문	⑤ **driveway** (도로에서 차고까지의) 차도	⑥ **shutter** 덧문
⑦ **porch light** 현관 등	⑧ **storm door** 유리 끼운 덧문(방풍문)	⑨ **front door** 현관입구
⑩ **doorbell** 현관 벨	⑪ **steps** 계단	⑫ **front walk** 집 앞 보도
⑬ **front yard** 앞마당	⑭ **window** 창문	⑮ **roof** 지붕
⑯ **chimney** 굴뚝	⑰ **TV antenna** TV 안테나	

gate [geit]   **garage** [gərá:dʒ]   **lawn** [lɔ:n]   **front yard** [fránt ja:rd]   **garden** [gá:rdn]
pond [pand]

그 옆에는 보기만 해도 시원한 **pavilion** 정자 이 있답니다. 여름에 거기서 별을 보며 수박이나 참외를 먹죠. **front door** 앞문 에서 **doorbell** 초인종 을 눌러요. 안 열어준다고 **roof** 지붕 나 **window** 창문 를 통해 들어올 생각은 하지 마세요. **window sill** 창틀 에는 경보장치가 설치돼 있어요.

집에 들어서면 넓은 **floor** 마루, 바닥 의 **living room** 거실 이 나와요. 거실에는 **sofa** 소파 와 **marble** 대리석 로 된 **coffee table** 탁자 이 놓여 있고 한 쪽 벽엔 분위기 있

① **coffee table** 탁자　　② **sofa/cough** 소파　　③ **loveseat** 2인용 의자
④ **armchair** 안락의자　　⑤ **throw pillow** 장식용 쿠션　　⑥ **drapes/curtains** 커튼
⑦ **lamp** 스탠드　　⑧ **end table** 작은 탁자　　⑨ **rug** 러그(양탄자)
⑩ **floor** 마루, 바닥　　⑪ **fireplace** 벽난로　　⑫ **painting** 액자그림

pavilion [pəvíljən]　**front door** [fránt dɔ:r]　**doorbell** [dɔ́:rbel]　**roof** [ru:f]　**window** [wíndou]
window sill [wíndou sil]　**floor** [flɔ:r]　**living room** [líviŋ ru:m]　**sofa** [sóufə]　**marble** [má:rbl]
coffee table [kɔ́:fitéibl]

는 **fireplace** 벽난로 가 있죠. 그 앞에서 비오는 저녁 **armchair** 안락의자 에 앉아 와인 한잔하면 얼마나 기분 좋다구요. TV 옆에는 작은 **fishbowl** 어항 이 있어요.

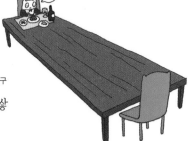

거실을 가로지르면 커다란 **(dining room) table** 식탁 이 있는 **dining room** 식당 이 나와요. **kitchen** 주방 으로 가면 **refrigerator** 냉장고 와 **microwave oven** 전자레인지 등의 **household appliances** 가전제품 가 있어요. 없어선 안 될 물건들이죠. 사용할 땐 좋지만 이사할 때는 저것들 나르느라 허리가 휜다니까요. **closet** 찬장 을 열면 각종 **utensils** 요리기구 가 수북이 쌓여 있어요. 먼지 dust 도 수북이 쌓여 있구요.

1층에는 **bedroom** 침실 이 4개에 **restroom** 화장실 이 2개 있어요. 제가 사용하지 않는 **vacancy** 빈방 가 많으니 이참에 세라도 놔볼까요? 연락주세요. 광고나 할까 보다.

• For rent. 셋방 있어요.

• Furnished House to Let. 가구 딸린 셋집 있어요.

학교 다니면서 **boarding house** 하숙집 구할 때 많이 보던 광고네요.

---

fireplace [fáiərpleis]　**armchair** [áːrmtʃɛər]　**fishbowl** [fíʃbòul]
(dining room) table [(dáiniŋ ruːm) téibl]　**dining room** [dáiniŋ ruːm]　**kitchen** [kítʃən]
refrigerator [rifrídʒərèitər]　**microwave oven** [máikrouweiv ʌ́vən]
household appliances [háushòuld əpláiənsiz]　**closet** [klázit]　**utensils** [juːténsəlz]
bedroom [bédrùːm]　**restroom** [réstrúːm]　**vacancy** [véikənsi]　**boarding house** [bɔ́ːrdiŋ haus]

① **cabinet/cupboard** 찬장[벽장], 캐비닛

② **paper towels** 종이타월

③ **dish drainer** 식기건조대

④ **dishwasher** 식기세척기

⑤ **sink** 싱크대

⑥ **toaster** 토스터

⑦ **coffee maker** 커피메이커

⑧ **freezer** 냉동칸(냉동기)

⑨ **refrigerator** 냉장고

⑩ **microwave (oven)** 전자레인지

⑪ **pot** 깊은 냄비

⑫ **stove** 스토브, 풍로

⑬ **burner** 버너

⑭ **oven** 오븐

⑮ **teakettle** 찻주전자

⑯ **frying pan** 프라이팬

⑰ **(electric) mixer** 믹서, 혼합기

⑱ **food processor** 만능 식품가공기

⑲ **cutting board** 도마

⑳ **knife** 칼

㉑ **rice cooker** 밥솥

㉒ **wash the dishes** 설거지를 하다

㉓ **feed the cat/dog** 고양이/개에게 먹이를 주다

우와!

세놓음

강남구에 있는 50평짜리 아파트.
침실 3개. 화장실 2개.
널찍한 거실.
냉장고, 오븐도 있고 붙박이 목조
찬장이 설비되어 있는 주방.
장판을 새로 깔아야 할 수 있음.
한 달치 월세는 $2,000

> 123-4567 미스터 박을 찾아
연락하기 바람

FOR RENT

50PY APARTMENT IN KANGNAMOGU

3 BEDROOMS. 2 BATHROOMS.

A SPACIOUS LIVING RM.

KITCHEN EQUIPPED WITH

REFRIGERATOR, OVEN,

AND BUILT-IN WOODEN CABINET.

NEW FLOORING MAY BE NEEDED.

2000/M

> PLS CONTACT MR. PARK AT 123-4567

2층으로 가려면 가파른 steep corkscrew staircase 나선형 층계를 잡고 올라가야 해요. 올라가면 **bookshelf** 책꽂이 에 책으로 가득한 제 **study** 서재 가 나와요. 핑크색 **wallpaper** 벽지 도 눈에 띠네요.

furniture 가구 가운데 먼저 눈에 띠는 것은 벽에 있는 **built-in wardrobe** 붙박이 옷장 네요. 대학교 1학년 freshman 때 **dormitory** 기숙사 에서 생활했는데, 거기 있던 것하고 비슷한 거예요. 혹시 나올 때 떼어온 거 아니냐구요? 아니, 저를 어찌 보시고!

bookshelf [búkʃelf]　**study** [stʌ́di]　**wallpaper** [wɔ́:lpèipər]　**furniture** [fə́:rnitʃər]
built-in wardrobe [bíltín wɔ́:rdroub]　**dormitory** [dɔ́:rmətɔ̀:ri]

144

천장에는 기다란 **fluorescent lamp**
형광등 가 있죠. 그리고 **desk lamp** 책상
스탠드 에는 작은 **glowing bulb** 백열전구
가 있구요. 작은 **air cleaner** 공기 청정기 와
humidifier 가습기 도 보이네요. 책상에는
desktop computer 책상용 컴퓨터 와 **printer**
프린터 가 있답니다. 책이 좀 팔려서 인세royalties 를 받으면 **laptop computer** 노
트북로 바꿀래요. 2층 창을 열고 밖의 **balcony** 발코니 로 나가면 제가 독서를 아니
솔직히 말하면 만화책comic book 볼 때 애용하는 안락의자armchair 가 있어요. 너
무 세게 흔들면 뒤로 자빠지는 수가 있으니 조심해야 해요.

우리집 어때요? 환상적이죠? 나중에 이런 집에서 살려구요.
지금 집은 거의 **tent** 텐트 수준이라 아무래도 할 말이
없어서 여러분의 어휘 실력 증진을 위해 어쩔 수
없이 과장을 좀 했어요. 흐흑.

기타 건물

프랑스에 있는 에펠탑을 영어로는 the Eiffel Tower라고 합니다. 그렇다면 경주
Bulguk Temple(불국사)에 있는 다보탑은 Dabo Tower일까요? 이렇게 말하면

---

fluorescent lamp [fluərésnt læmp]   **desk lamp** [desk læmp]   **glowing bulb** [glóuiŋ bʌlb]
air cleaner [ɛər klíːnər]   **humidifier** [hjuːmídəfàiər]   **desktop computer** [désktàp kəmpjúːtər]
printer [príntər]   **laptop computer** [lǽptap kəmpjúːtər]   **balcony** [bǽlkəni]   **tent** [tent]

부처님께 뺨 맞습니다. 정답은 Dabo Pagoda죠. **tower**는 기념탑이고 **pagoda**는 **temple**_절에 있는 탑이에요. **church**_{교회}의 지붕 꼭대기에 있는 십자가_{cross} 달린 뽀족한 첨탑은 **steeple**이라고 한답니다. 낙하산 _{parachute} 타고 내려올 때 이 탑에 찔리지 않도록 조심하세요. 헤헤헤.

amphi/ambi 둥근

amphi는 '둥근'이라는 뜻이에요. amphitheater는 theater 앞에 amphi가 붙어 '원형극장'이라는 뜻이 된 거죠.

극장은 **theater**죠. 그래서 연극이나 공연을 볼 수 있게 둥그렇게 돼 있는 원형 극장을 **amphitheater**라고 해요. amphi-나 ambi-는 **round**_{둥근}를 의미하는 접두사거든요.

영화 「벤허_{Benhur}」나 「글래디에이터_{Gladiator}」 봤어요? 거기 보면 무지막지하게 큰 고대 로마의 원형경기장이 나오죠? 그게 바로 **Colosseum**이랍니다. 아마 직접 가본 사람도 있을 거예요.

---

tower [táuər]   **pagoda** [pəgóudə]   **temple** [templ]   **church** [tʃəːrtʃ]   **steeple** [stíːpl]
theater [θíːətər]   **amphitheater** [ǽmfəθìːətər]   **round** [ráund]   **Colosseum** [kàləsíəm]

house 집

build 짓다 = construct, erect

architect 건축기사

design 설계하다 = lay out

under construction 공사 중

· The road is under construction. 그 도로는 공사 중이야.

break ground 땅을 파다, 기공하다

housewarming party 집들이파티

· B.Y.O.B. (Bring Your Own Booze[Bottle/Beverage])
각자 마실 술을 가지고 오는 파티
Baby shower 임산부를 위해 여자들끼리 여는 파티
Card party 카드게임이 주목적인 파티
Cocktail party 간단한 스낵과 음료수가 제공되는 파티
Graduation party 졸업파티
Mixer 남자, 여자를 소개시켜주기 위한 파티
Slumber party 파자마 입고 밤새 얘기하며 노는 파티
Potluck dinner 참석하는 모든 사람이 음식을 준비해오는 파티
Prom 고등학교 졸업 전에 가는 정장 댄스파티
Surprise party 주인공 모르게 준비하는 파티
Welcoming party 환영파티

· We are going to hold a potluck dinner.
우리는 각자 음식을 준비해 오는 파티를 열 예정이야.

· We threw a surprise party last night.
우리는 지난밤에 깜짝 파티를 열었어.

toilet paper 화장실 휴지

집의 종류

cottag 오두막

straw-roofed house 초가집

tile-roofed house 기와집

apartment 아파트

skyscraper 초고층건물

· This is the tallest skyscraper in the world.
이건 세계에서 가장 높은 초고층 건물이야.

top floor 꼭대기 층

· This elevator stops only on the top floor.
이 엘리베이터는 꼭대기 층에만 섭니다.

pane 창유리

penthouse 초호화 옥상주택, 성인용 잡지 이름

· The actress lives in a penthouse in Hongkong.
그 여배우는 홍콩에 있는 펜트하우스에 살아.

· I subscribe to *Penthouse*. <펜트하우스>를 정기구독해.
= I'm a *Penthouse* subscriber.
I have a subscription to *Penthouse*.
Every month I receive a copy of *Penthouse*.

basement 지하실

· 어근 bas 바닥
base 기저, 바닥, 기슭
basis 기초, 근거
basin 대야, 분지
bastard 서자
debase: de(아래로) + base(바닥) → 떨어뜨리다, 더럽히다

boarding house 하숙집

rooftop 옥상

· Our family live in a rooftop house. 우리 가족은 옥탑방에 살아.

attic 다락방

· I found my diary in the attic. 다락방에서 내 일기를 발견했어.

mansion 커다란 저택

· He spent millions of dollars on the mansion.
그는 그 대저택을 구입하는데 수백만 달러를 썼어.

public housing 공동주택

cabin 통나무집

hideout 아지트

· The police are searching their hideout.
경찰은 그들의 아지트를 수색중이야.

beehive 벌집

rent 세들다

barn 헛간

- My dog is feeding the puppies in a barn.
  우리 개는 헛간에서 새끼 강아지들에게 젖을 먹이고 있어.

집의 구조

gate 대문

garage 차고

- The garage is on the side of the house.
  차고는 집 옆에 붙어 있어.

lawn 잔디

front yard 앞마당

garden 정원

pond 연못

pavilion 정자

- Octagonal Pavilion 팔각정

front door 앞문

doorbell 초인종

roof 지붕

window 창문

window sill 창틀

floor 마루, 바닥

living room 거실

- There are many sofas in the living room.
  거실에는 소파가 많아.

sofa 소파

marble 대리석

coffee table 탁자

fireplace 벽난로

- Wood is burning in the fireplace. 벽난로에서 장작이 타고 있어.

armchair 안락의자

fishbowl 어항

(dining room) table 식탁

- The dining table is made of wood.
  그 식탁은 나무로 만들어졌어.

dining room 식당, 식사하는 공간

kitchen 주방

- There are a number of cookers in the kitchen.
  주방에는 많은 요리도구들이 있어.

refrigerator 냉장고

microwave (oven) 전자레인지

household appliances 가전제품

closet 찬장 = cupboard

utensils 요리기구

bedroom 침실

restroom 화장실 = bathroom, washroom

- 화장실의 다른 표현들
  lavatory(비행기에서), water closet(WC-유럽에서),
  toilet, men's room, ladies' room

vacancy 빈방

boarding house 하숙집

bookshelf 책꽂이

- There isn't any book on the bookshelf.
  책꽂이에 책이 하나도 없어.

study 서재

wallpaper 벽지

furniture 가구

built-in wardrobe 붙박이 옷장

- The built-in wardrobe is shut tight.
  그 붙박이장은 굳게 닫혀있어.

dormitory 기숙사

fluorescent lamp 형광등

- fluorescent light 형광등
- florescent 꽃피는

desk lamp 책상 스탠드

glowing bulb 백열전구

air cleaner 공기 청정기

humidifier 가습기

desktop computer 책상용 컴퓨터

· I bought a new desktop computer yesterday.
나는 어제 새 책상용 컴퓨터를 샀어.

printer 프린터

laptop computer 노트북

balcony 발코니, 베란다

· There is an armchair in the balcony.
베란다에는 안락의자가 있어.

tent 텐트

기타 건물

tower 기념탑

pagoda (사찰의) 탑

· The temple is famous for the ancient stone pagoda.
그 절은 오래된 석탑으로 유명해.

church 교회

steeple 첨탑

theater 극장

amphitheater 원형극장

· amphi[ambi] 둥근
amphitheater: amphi(둥근)＋theater(극장)→원형극장
ambition: ambi(둥근)＋it(가다)→야망
ambient: 둘러싸는

Colosseum 원형경기장

옷에 대해 궁금했던 몇 가지

태초에 아담과 이브는 나뭇잎 하나로 몸을 가렸다죠. 거의 **naked** 벌거벗은 수준이었겠지만 당시 나름의 디자인과 유행이 있지 않았을까요?

올 상반기 유행 디자인이에요.

옷은 우리의 삶과 워낙 밀접한 연관이 있으니 종류별로 살펴봅시다.

옷의 종류

일반적으로 옷은 **clothes**로 표현합니다. 그래서 **winter clothes**는 겨울옷을 의미해요. 의복을 총칭할 때는 **clothing** 의류을 쓰지요. -es가 빠진 cloth는 면이나 울, 실크 등으로 만든 '원단, 천'을 의미해요. 이 세 가지는 자주 혼동되는 단어들이니 주의하세요.

---

naked [néikid]   **clothes** [klouz/klouðz]   **winter clothes** [wíntər klouz]   **clothing** [klóuðiŋ]

wear

suit

costume

uniform

특별한 목적을 가진 옷에는 **wear**를 씁니다. 예를 들어 운동이라는 특별한 목적으로 입는 운동복은 **sports wear**라고 하죠. **suit**는 한 벌의 옷을 가리킵니다. 그래서 '정장'을 suit라고 하죠. **costume**은 우리나라 한복 같은 '전통 의상'을 말할 때 주로 쓰구요. 그래서 한복(hanbok)에 대해서 영어로 설명할 때 the Korean traditional costume이라고 하면 돼요. 학교에서 입는 교복이나 군인들이 입는 군복처럼 똑같이 맞춰 입는 옷은 **uniform**제복 이라고 하죠.

추운 겨울에는 따뜻한을 **sweater** 스웨터 가 최고죠. 직접 **knit**짜다 하기도 해요. 머리를 넣어 아래서 당겨 입는 **pullover** 스타일이 있고 **button** 단추 이 달려 있는 **cardigan** 카디건 스타일도 있어요.

• This pullover is too loose for me.
  이 스웨터는 나한테 너무 커.

Pullover

저는 일할 때 보통 **dress shirt** 와이셔츠 를 입어요. 가끔 잘 갖춰입어야 할 때는 **vest** 조끼 도 입어요.

속옷

running shirt는 대표적인 콩글리쉬입니다. undershirts가 맞아요. 영국에서는 vest라고 하죠.

• **athletic shirt** 운동선수가 입는 팔이 없고 목 부분이 파진 옷
• **briefs** 남자용 삼각팬티
• **Speedo** 남자용 속옷 중 앞에 남대문이 없는 팬티
• **boxers** 사각 팬티

wear [wɛər]   **sports wear** [spɔːrts wɛər]   **suit** [suːt]   **costume** [kástjuːm]   **uniform** [júːnəfɔ̀ːrm]
sweater [swétər]   **knit** [nit]   **pullover** [púlòuvər]   **button** [bʌ́tən]   **cardigan** [káːrdigən]
dress shirt [dres ʃəːrt]   **vest** [vest]

여성들의 옷

여성복이 남성복 보다 종류도 다양하고 알아야 할 단어도 많아서 여성복을 기준으로 나열해볼게요. 우선 **brassiere** 브래지어 가 있죠. 그리고 **underwear** 팬티 와 그 위에 신축성이 장난 아닌 **girdle** 거들 이 있죠. '남성용 팬티'는 **briefs** 라고 해요. 아, 그리고 **trenchcoat** 트렌치코트 처럼 **coat** 코트 가 들어 있는 단어지만 아래에 입는 옷이 있는데, 바로 **petticoat** 속치마 입니다. **petty** 작은 와 coat가 붙어서 petticoat가 된 거예요.

① **undershirt** 속옷 상의   ② **briefs** 삼각팬티(남성용)   ③ **boxer shorts/bozers** 사각팬티
④ **socks** 양말   ⑤ **bra** 브레이지어 = brassiere   ⑥ **panties/underwear** 팬티(여성용)
⑦ **camisole** 캐미솔   ⑧ **girdle** 거들   ⑨ **full slip** 긴 슬립
⑩ **half slip/petticoat** 속치마   ⑪ **garter belt** 가터벨트   ⑫ **pantyhose** 팬티스타킹
⑬ **kneesocks** 무릎 양말

brassiere [brəzíər]   **underwear** [ʌ́ndərwɛər]   **girdle** [gə́ːrdl]   **briefs** [briːfs]
trenchcoat [tréntʃkòut]   **coat** [kout]   **petticoat** [pétikòut]   **petty** [péti]

stockings 스타킹를 hose라고도 부른다는 거 아세요? 그러니까 팬티스타킹은 **pantyhose** 라고 부르면 되겠네요. 남자들 중에도 스타킹을 입는 사람들이 있어요. 퀴즈! 누구일까요? 바로 은행강도bank robber 입니다.

- Stocking 놀이 -

• You've got a run in your stockings. 너 스타킹 올이 풀렸어.

nice dress~

'원피스'는 **dress**인데요. 파티 때나 입는 화려한 옷이라고 생각하는 사람들이 많은데, 그렇지 않아요. 원피스 입은 나의 모습을 보고 외국친구가 "Your dress is beautiful." 원피스 너무 예쁘다. 이라고 했는데, "It's not a dress. It's one-piece." 이거 드레스 아니야. 원피스야. 라고 하는 황당한 실수는 하지 마세요.

파티 의상은 참 화려하죠. **evening dress** 이브닝 드레스 라는 게 있어요. 파티나 격식을 차린 저녁식사 자리, 만찬회 때 입는 긴 드레스를 말하는데요, 정식 예복이죠. 대부분 원피스구요, 스커트 길이는 길어요. 어깨는 없거나 있더라도 가늘게 돼 있고 등이 많이 파여 있구요. 그리고 **cocktail dress** 칵테일 드레스 라는 것도 있는데요, 그건 결혼식이나 파티(칵테일파티 같은)에 입고 가는 것으로 이브닝드레스보다는 덜 화려해요. 약식 야회복이라고 생각하면 돼요.

evening dress   cocktail dress

stocking [stákiŋ]   pantyhose [péntilhouz]   dress [dres]   evening dress [í:vniŋ dres]
cocktail dress [káktèil dres]

여자들 파티복 얘기는 이정도로 하구요, 잠깐만 화장품 얘기를 할까요? 저도 강의 촬영할 때는 **make-up** 화장 을 하거든요. 물론 옅게 하지만. 그래서 우리 동네 **cosmetic store** 화장품가게 아줌마는 저만 보면 친한 척 하신다니까요. 속으로 이렇게 생각하실 걸요. "**compact** 콤팩트 랑 **lipstick** 립스틱 이 떨어질 때가 됐는데…."

Cosmetics 화장품

① **mascara** 마스카라
② **lip gloss** 립글로즈
③ **lipstick** 립스틱
④ **foundation** 파운데이션
⑤ **face powder** 파우더
⑥ **eyeliner** 아이라이너
⑦ **eyebrow** 아이브로우
⑧ **eye shadow** 아이 섀도
⑨ **blush** 블러셔
⑩ **nail polish** 매니큐어

옷차림

세탁기가 고장났어.

옷에 **dirt** 때 가 묻으면 **washing machine** 세탁기 에 넣어야죠. 집에 세탁기가 없다구요? 그럼, **laundromat** 빨래방 에 가서 해야죠 뭐. 만약 잉크 같은 것이 묻어서 **stain** 얼룩 이 생겨 잘 안 지워지면 **dry cleaner** 세탁업자 에 맡기구요. 그냥 그대로 계속 입고 다니면 **slovenly** 단정치 못한 거 같아서

---

make-up [méikʌp]   **cosmetic store** [kazmétik stɔ:r]   **compact** [kəmpǽkt]   **lipstick** [lípstik]
dirt [də:rt]   **washing machine** [wáʃiŋ məʃí:n]   **laundromat** [lɔ́:ndrəmæt]   **stain** [stein]
dry cleaner [drái klí:nər]   **slovenly** [slʌ́vənli]

하루 종일 신경쓰일 거예요. 만약 넘어져서 개똥 dog pooh 이 묻었다면? 그럼, 그냥 버리세요. 헤헤헤.

옷이 꼭 **gay** 화려한 하지 않더라도 얼마든지 **tidy** 단정한 하게 입을 수 있어요. 조금 **worn out** 닳은 했더라 도 **ironing** 다림질 해 **wrinkle** 주름 잘 펴서 입으면 참 **smart** 멋진 하고 **stylish** 맵시 있는, 멋진 하다고 칭찬받을 거 예요. "Fine feathers make fine birds." 옷이 날개야. 라는 말

도 있잖아요. 그래서 **rags** 누더기옷 를 걸치더라도 **shabby** 초라 한 하지 않게 코디를 잘 하는 사람을 보면 참 부러워요.

• Wow! You look really stylish. 오! 너 정말 멋져 보여.

너무 **fashion** 유행 에 민감해서 항상 **brand-new** 신상품인 한 옷만 찾기 보다는 내면이 더 멋 지고 화려한 사람이 되었으면 해요.

참!! 그리고 **wash your hair** 머리감다 할 때 너무 **shampoo** 샴푸 많이 쓰지 말아요. 세 탁할 때 **detergent** 세제 도 너무 많이 쓰지 말구요. 환경오염이 심각하다잖아요.

---

gay [gei]   tidy [táidi]   worn out [wɔːrn aut]   ironing [áiərniŋ]   wrinkle [ríŋkl]   smart [smaːrt]
stylish [stáiliʃ]   rags [rægs]   shabby [ʃǽbi]   fashion [fǽʃən]   brand-new [brǽndnjúː]
wash your hair [waʃ jər hair]   shampoo [ʃæmpúː]   detergent [ditə́ːrʤənt]

최소한 자신에게 잘 **suit** 어울리다 하고 몸에 잘 **fit** 사이즈가 맞다 한 옷 입고 머리는 **comb** 빗질하다 하는 건 챙기자구요. 참고로 머리에 빗질 안 해서 새가 둥지 틀게 생겼을 때는 **unkempt** 머리가 헝클어진 라고 해요.

- The clothes don't suit you. 그 옷 너한테 안 어울려.
- The clothes don't fit you very well. 그 옷 너한테 안 맞아.

naked 벌거벗은
- The naked man flung his clothes on.
  그 나체인 남자는 급히 옷을 걸쳤어.

옷의 종류

clothes (일반적인) 옷

winter clothes 겨울옷

clothing 의류

wear (특별한 목적에 입는) 옷

sports wear 운동복
- training clothes 추리닝

suit 정장
- The suit matches you well. 그 정장은 너한테 잘 어울려.
- bathing suit 수영복
  diving suit 잠수복

costume 전통의상
- theatrical costume 무대의상
  costume play 코스프레
  costume film 사극영화

uniform 제복
- school uniform 교복
  military uniform 군복

sweater 스웨터

knit (털실 등을) 짜다

pullover (머리부터 입는) 스웨터
- This pullover is too loose for me. 이 스웨터는 나한테 너무 커.

button 단추

cardigan 카디건

dress shirt 와이셔츠

vest 조끼

여성들의 옷

brassiere 브래지어

underwear 팬티 = panties(여성용)

briefs (남자용) 팬티

girdle 거들

trenchcoat 트렌치코트

coat 코트

petticoat 속치마

petty 작은

stockings 스타킹 = hose
- You've got a run in your stockings. 너 스타킹 올이 풀렸어.

pantyhose 팬티스타킹
- tights 타이츠

dress 원피스
- The yellow dress fits the lady.
  그 노란색 원피스는 그녀에게 딱이야.
- wedding dress 결혼예복

evening dress 이브닝 드레스
- She is dressed in an evening dress.
  그녀는 이브닝드레스를 입고 있어.

cocktail dress 칵테일 드레스

make-up 화장

cosmetic store 화장품가게

compact 콤팩트

lipstick 립스틱

옷차림

dirt 때

washing machine 세탁기

laundromat 빨래방
- do the laundry 빨래하다
  money laundry 돈세탁
  coin operated self-service laundries
  동전 주입식 셀프 서비스 세탁소 = coin-op laundry/laundromats

stain 얼룩
- You should remove stain from your clothes.
  너 옷 얼룩을 지워야 해.

dry cleaner 세탁업자

slovenly 단정치 못한 = untidy

gay 화려한 = brilliant, gorgeous, splendid

tidy 단정한 = neat

worn out 닳은

ironing 다림질
- Be careful not to scorch your shirt in ironing.
  다리미질할 때 셔츠 태우지 않게 조심해.

wrinkle 주름

smart 멋진

stylish 맵시 있는, 멋진
- Wow! You look really stylish. 오! 너 정말 멋져 보여.
- Fine feathers make fine birds. 옷이 날개야.

rags 누더기 옷
- A rags to riches story. 개천에서 용 난 이야기

shabby 초라한

fashion 유행 = vogue

brand-new 신상품인

wash your hair 머리감다
- Why don't you wash your hair more often?
  머리를 좀 더 자주 감지 그래?

shampoo 샴푸

detergent 세제

suit 어울리다 = match, look good on

fit 사이즈가 맞다
- The clothes don't fit you very well. 그 옷은 너한테 안 맞아.
- fitting room 탈의실
- The clothes don't suit you. 그 옷 너한테 안 어울려.

comb 빗질하다
- Don't forget to comb your hair. 머리 빗질하는 거 잊지 마.

unkempt 머리가 헝클어진

03 음식

먹는 단어 없이
영어를 논하지 말라

먹는 것처럼 우리 삶에서 중요하고 큰 부분을
차지하는 것이 또 있을까요? 식탁이 우리
부엌에서 가장 공간을 많이 차지하는 것
처럼 말이죠. 그래서 이번에는 **food** 음식
에 대해서 알아보겠습니다.

특별히 조리한 음식을 **dish** 요리 라고 하고, **breakfast** 아침, **lunch** 점심, **dinner** 저
녁와 같은 주기적이고 일상적인 식사를 **meal**이라고 합니다. **diet**은 체중조절이
나 치료 등을 위한 규정식이나 식이요법을 가
리키죠.

- I eat three meals a day. 하루에 세 끼 먹어.
- She is on a diet. 그녀는 다이어트 중이야.

---

food [fuːd] **dish** [diʃ] **breakfast** [brékfəst] **lunch** [lʌntʃ] **dinner** [dínər] **meal** [miːl]
diet [dáiət]

주기적인 meal 사이에 먹는 가벼운 음식을 **snack** 간식 이라고 해요. 체중조절 하려고 lose weight 식사를 **skip** 거르다 하고는 **munchies** 군것질거리 로 때우는 사람들이 있는데, 따져보면 **cookies** 과자 와 **beverage** 음료수 때문에 오히려 살이 찌는데 gain weight 말이죠. 차라리 세 끼 잘 챙겨먹고 군것질 하지 않는 편이 좋아요.

친구들과 모여서 잡담 chat 할 때 주로 먹는 과자나 음료를 모두 아울러서 **refreshment** 다과 라고 하는 것도 알아둡시다.

refreshment

refreshment는 <re(다시) + fresh(신선한)>의 조합이에요. 그래서 몸을 다시 신선하게 만들어주는 것, 즉 '다과'를 의미하죠.

여러 가지 맛

여러분은 어떤 **taste** 맛 를 좋아하나요? 어떤 종류의 맛이 **delicious** 맛있는 해요?

sugar 설탕 를 많이 넣은 음식을 좋아하나요? 그럼 **sweet** 단 한 것을 좋아한다는 말인데…. 하루의 당 섭취량이 기준 이상일 거 같아요. 조금 조정 해보세요.

난 설탕중독자.

peach

peach는 '멋진 여자'라는 뜻으로도 쓰여요. 그리고 그저 그런 여자는 lemon이라고 하죠.

복숭아 peach 처럼 과일이 달고 맛있으면 **luscious** 향긋한, 맛있는 라고 한답니다. luscious strawberry(향긋한 딸기)나 luscious candy (맛있는 캔디)처럼 말이죠.

snack [snæk]　**skip** [skip]　**munchies** [mʌ́ntʃiz]　**cookies** [kúkiz]　**beverage** [bévəridʒ]
refreshment [rifréʃmənt]　**taste** [teist]　**delicious** [dilíʃəs]　**sugar** [ʃúgər]　**sweet** [swiːt]
luscious [lʌ́ʃəs]

오렌지 orange 처럼 즙이 많고 맛있을 때는 **juicy** 즙이 많은 라고 해요. 덜 익은 자두나 레몬처럼 눈가에 주름살 wrinkles 이 생길만큼 엄청 신맛일 때는 **sour** 신 라고 한답니다. 신맛 말고 덜 익은 감처럼 떫은 맛은 **astringent** 떫은 예요.

• This orange tastes rather sour. 이 오렌지 약간 셔.

음식 잘못 먹고 몸이 영 이상하면 유명한 **herb doctor** 한의사 찾아가서 **Oriental medicine** 한약이나 지어먹어요. 엄청 **bitter** 쓴 할 거예요. "Good medicine tastes bitter." 쓴 약이 몸에 좋은 법이야.

우리는 주로 **condiment** 조미료 를 넣어서 **season** 양념하다 하는데요, 너무 **hot** 매운 하고 **salty** 짠 한 음식이 많아 큰일이에요. 그래서 위장병 stomach trouble 환자가 많은 거 같아요. **hot pepper** 고추 나 **mustard** 겨자 등은 너무 많이 넣지 마세요. 그렇다고 **soy sauce** 간장 를 많이 넣으라는 말은 아니구요. 조금 **tasteless** 맛없는 해도 다소 **flat** 싱거운 하게 먹는 게 건강에 좋다고 하잖아요. 너무 **bland** 아무 맛이 안 나는 하다구요? 그럼 국간장을 조금씩 넣으며 잘 **stir** 휘젓다 해보세요. 좀 더 **thick** 걸쭉한 했으면 좋겠다구요? 그럼 전분 푼 물을 넣어보세요. 잘했어요. 훌륭한 **cook** 요리사 감이네요. 나중에 큰 호텔 **chef** 주방장 가 되고 싶다면 유튜브나 책을 보며 좋은 **recipe** 조리법 를 찾아 **cook** 요리하다 해보세요.

juicy [ʤú:si]   sour [sauər]   astringent [əstrínʤənt]   herb doctor [ə:rb dáktər]
Oriental medicine [ɔ̀:riéntl médəsin]   bitter [bítər]   condiment [kándəmənt]   season [sí:zn]
hot [hat]   salty [sɔ́:lti]   hot pepper [hát pépər]   mustard [mʌ́stərd]   soy sauce [sɔi sɔ:s]
tasteless [téistlis]   flat [flæt]   bland [blænd]   stir [stə:r]   thick [θik]   cook [kuk]   chef [ʃef]
recipe [résəpi]

친구들이나 가족에게 **culinary skill** 요리솜씨
을 뽐내며 대접도 하고 말이에요.

• Would you mind sharing your recipe?

조리법을 알려줄 수 있어?

근데 요리한 음식이 너무 맛이 없다면 얼른 식당에 **deliver** 배달하다 해달라고 전화

해야죠. 배달 음식이라는 거 티나지
않게 예쁜 그릇에 담아요.

• Do you deliver? 배달 되나요?

시장보기

저는 **market** 시장 에 가는 걸 엄청 좋아합니다. 뭐예요. 혹시 여러분 중에 아직도
장보는 건 여자가 하는 거라고 생각하는 사람 있
나요? 그러다간 종일 '시장한 hungry' 날을 맞
이하게 될 걸요. 자! 장을 한번 봐봅시다.
앞서 옷은 백화점에 들러서 샀으니
그걸 멋지게 차려입고 **traditional**

market 재래시장 으로 갑니다.
근데, 우리집 근처에는 대형 마트나 재래시장이 없구나요? 뭐, 할 수 없지.
supermarket 슈퍼마켓 이라도 가자~.

culinary skill [kjúːlənèri skil]   deliver [dilívər]   market [máːrkit]
traditional market [trədíʃənl máːrkit]   supermarket [súːpərmàːrkit]

오늘 저녁에는 **pork** 돼지고기 를 **lettuce** 상추 에 **bean paste** 된장 랑 싸서 술 한잔 하려구요. 고기는 **grill** 굽다 해서 먹을래요. 그러려면… 뭘 사야하죠? **produce section** 농산물 판매대 이 눈에 들어오네요. 여기서 **vegetables** 채소 의 신선도도 체크할 겸, 좀 뜯어먹으면서 여기저기 돌아다녀야 겠어요. 채소는 **fresh** 신선한 한 게 생명 아니겠어요. 그러니 제일 나중에 사셔야 해요.

produce section

우선 "MEAT"라고 써진 곳 section 을 찾아야겠군요. 찾았다! "아저씨~ I'd like 1kg of pork. Please, slice the meat thin." 돼지고기 1kg만 주세요. 고기 좀 얇게 썰어주세요. 우와~ 아저씨 칼질하는 것 좀 보세요. 으으으~ 아니 저건 내가 싫어하는 **fat** 비계 아니야? "Could you trim the fat off the meat?" 비계는 빼주시겠어요?

신선하죠?

고기다!

계산법
대부분 미국사람들의 계산법은 우리나라와 조금 달라요. 예를 들어 $48짜리 물건을 사고 $100를 주면, 점원은 고객에게 $1짜리를 하나씩 주면서 $49, $50까지 셉니다. 그런 다음 $10짜리를 하나씩 주면서 $60, $70, $80, $90, $100까지 세면 계산이 끝나죠. 즉, 옷이 $48이니 손님에게 $100을 채워주는 개념이에요.

자, 이제 채소를 사러 가야겠군요. 상추하고, **onion** 양파, **unripe red pepper** 풋 고추 도 사야겠네요. 아주머니 조금만 더 주세요. 저 십년 째 단골 regular 인 거 아시잖아요. 흑흑. 아! **sesame leaf** 깻잎 를 빼먹었네요.

---

pork [pɔːrk]   **lettuce** [létis]   **bean paste** [bíːn pèist]   **grill** [gril]
produce section [prədjúːs sékʃən]   **vegetables** [védʒətəbl]   **fresh** [freʃ]   **fat** [fæt]   **onion** [ʌ́njən]
unripe red pepper [ʌ̀nràip red pépər]   **sesame leaf** [sésəmi liːf]

요즘 **strawberry** 딸기가 **in season** 제철인 이니까 조금만 사야겠네요. 우선 맛 좀 보고 사야지~. "May I taste this strawberry?" 이 딸기 맛 좀 봐도 돼요? 다행히 시식이 있네요. 너무 맛있어요. 맛있다고 표현하면 판매원도 기분 좋으시겠죠? 그럴 때는 "Wow, this strawberry tastes wonderful." 와, 이 딸기 맛 끝내주네요. 라고 말해요. 맛있으니 사야겠어요. "Could I buy just two strawberries?" 딸기 두 개만 주세요.

① **meat & poultry section** 육류 & 가금류 코너

② **shopping cart** 쇼핑카트

③ **canned goods** 통조림제품

④ **aisle** 통로

⑤ **baked goods** 제과류

⑥ **dairy section** 유제품

⑦ **shopping basket** 쇼핑바구니

⑧ **produce section** 농산품 코너

⑨ **pet foods** 애완동물식품

⑩ **frozen foods** 냉동식품

strawberry [strɔ́ːbèri]   **in season** [in síːzn]

164

물건 찾을 때, "Where can I find an onion?" 양파 어디 있어요? 이라고 점원에게 물어볼 수도 있겠지만 물어보기 전에 표시말로 한번 찾아보세요. 닭고기나 칠면조 같은 가금류를 사야한다면 **POULTRY** 를 찾으면 되구요, 햄이나 치즈 같은 조제식품을 사야한다면 DELI 혹은 **DELICATESSEN** 을, 우유 같은 유제품은 **DAIRY** 를 찾으면 돼요. 빠진 게 있네요. 생선~. **FISH & SEAFOOD** 죠.

⑪ **baking products** 제과/재빵 재료

⑫ **paper products** 종이제품(휴지 등)

⑬ **beverages** 음료

⑭ **snack foods** 스낵

⑮ **cash register** 금전등록기

⑯ **checker** 금전출납원

⑰ **express checkout line** 빠른 계산대

⑱ **paper bag** 종이백

⑲ **plastic bag** 비닐백

poultry [póultri]   **delicatessen** [deləkətésən]   **dairy** [déəri]   **fish & seafood** [fiʃ ənd síːfuːd]

요리하기

에고. 너무 횡설수설 gibberish 했더니 엄청 **hungry** 배고픈 하네요. 이러다가 **starve to death** 굶어죽다 하겠어요.

혹시 가장 인기있는 **appetizer** 전채, 식욕을 돋우는 것 가 뭔지 아세요? 바로 물이지요. 다들 밥 먹기 전에 '이모님 여기 물 좀 주세요~!'하잖아요. 썰렁한 농담이지만 많은 사람들이 appetizer와 dessert를 헷갈려 해서 식사 전 먹는 게 애피타이저라는 걸 알려주는 목적이었답니다. 그리고 샐러드 salad 와 수프 soup 는 애피타이저가 아니라는 것도 알아두세요. 애피타이저는 부담주지 않고 식욕을 돋우는 요리를 말하는데요, 주로 훈제연어나 참치타르트, 달팽이요리 등이랍니다.

• I have no appetite these days. 요즘 밥맛이 없어.
• I have a wolfish appetite these days. 요즘은 식욕이 왕성해.

이제 **noodles** 라면 는 지겨우니 오랜만에 밥이나 해먹어야겠어요. 우선 **rice** 쌀 를 물에다 30분 정도 담가서 **macerate** 불리다 해야 밥이 더 맛있더라구요. **cereals** 잡곡 를 넣으면 훨씬 맛있을 텐데, 지금은 없으니까 김이 모락모락 나는 흰 쌀밥을 만들어서 먹자구요.

---

hungry [háŋgri] **starve to death** [staːrv tu deθ] **appetizer** [金pitàizər] **noodles** [núːdlz]
rice [rais] **macerate** [m金sərèit] **cereals** [síəriəlz]

쌀은 한 세 번만 **wash** 헹구다 하세요. 너무 많이 하면 쌀 각질이 다 벗겨지고, **nutrient** 영양분 가 많이 들어 있는 쌀눈 embryo bud of rice 이 다 떨어져 나간다고 울 엄마가 그랬어요. 밥솥 안에 물을 잘 맞추는 게 밥짓기의 관건 key point 인 거 알죠? 손바닥 palm 을 쌀 위에 쫙 펴고 얹은 뒤에 물이 손등 중간 정도까지 오게 하면 돼요.

rice cooker 밥솥 의 스위치가 취사 cooking 에서 보온 keeping warm 으로 넘어간다고 얼른 경망스럽게 밥을 퍼 먹으면 안 돼요. **rice scoop** 주걱 으로 밥을 휘저은 다음에 한 5분 정도 놔두세요. 이게 바로 밥을 **steam thoroughly** 뜸들이다 하는 거예요. 물론 배고픈 사람들은 이러겠죠? "아니 밥은 왜 안 가져오고 이리 뜸들이고 난리야?" 근데, 뜸이 들어야 제대로 된 맛있는 밥이 나온답니다.

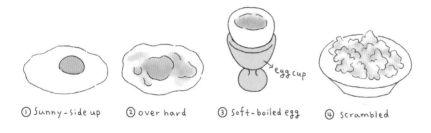

① Sunny-side up   ② over hard   ③ Soft-boiled egg   ④ scrambled

① **sunny-side up**
뒤집지 않고 한 면만 익힌 것

② **over hard**
터뜨려 양면 모두 익힌 것

③ **soft-boiled egg**
반숙

④ **scrambled**
스크램블한

이제 **set the table** 상 차리다 하고 **sunny-side up** 반숙 계란프라이 하나 해서 밥이랑 맛있게 드세요. **side dish** 반찬 나 **soup** 국 이 없더라도 맛있게 먹어야 해요. 이런

wash [waʃ]   **nutrient** [njúːtriənt]   **rice cooker** [ráis kúkər]   **rice scoop** [rais skuːp]
steam thoroughly [stiːm θə́ːrouli]   **set the table** [set ðə téibl]   **sunny-side up** [sʌ́nisaid ʌp]
side dish [said diʃ]   **soup** [suːp]

말도 있잖아요. "Hunger is the best sauce." 시장이 반찬이야.

doggy bag
식당에서 음식을 먹다 남았을 때, 먹다 남은 음식을 담아가려고 종업원에게 봉지 달라고 할 때가 있죠. 그럴 땐 Doggy bag, please. 라고 하는데요. 집에 가져가 개에게 줄 거라는 뜻이지만, 실제로는 사람들이 먹죠. ^^

아! 그리고 기억해야 할 게 하나 있어요. 음식 남기지 마세요. 우리나라는 **leftovers** 남은 음식 가 환경 오염 environmental pollution 의 주범이래요. 그러니까 음식은 먹을 만큼만 준비하기! 식사하고도 아쉬우면 **dessert** 후식 도 드셔야죠.

leftovers
처치반장

언제든
불러줘요.

간단하게 조리법에 대해서 짚어보면서 끝낼게요. '휘젓다, 뒤섞다'는 **stir**, '(강판으로) 갈다'는 **grate**, '붓다'는 **pour**, '벗기다'는 **peel**, '베어 나누다'는 **carve**, '(달걀, 크림 등을) 휘젓다'는 **beat**, '(식빵, 치즈 등을) 썰다'는 **slice**, '잘게 썰다'는 **chop**, '찌다'는 **steam**, '(고기, 생선 등을) 오븐에 굽다'는 **broil**, '(빵, 감자 등을) 굽다'는 **bake**, '기름에 튀기다'는 **fry**, '삶다'는 **boil**을 쓰면 돼요.

식당에서

eat out 외식하다 을 줄이고 집에서 밥을 해먹는 게 절약하는 방법이긴 하지만 살다보면 **restaurant** 식당 에서 외식하는 경우도 많죠. 아무래도 일을 하다보면 그렇게 돼죠. 어떤 식당은 손님이 너무 많아서 **stand in line** 줄서다 해야 되는 경우도 있어요.

간만에
외식할 거예요.

나두!

leftovers [léftóuvərz]   **dessert** [dizə́:rt]   **stir** [stə:r]   **grate** [greit]   **pour** [pɔ:r]   **peel** [pi:l]
carve [ka:rv]   **beat** [bi:t]   **slice** [slais]   **chop** [tʃap]   **steam** [sti:m]   **broil** [brɔil]   **bake** [beik]
fry [frai]   **boil** [bɔil]   **eat out** [i:t aut]   **restaurant** [réstərənt]   **stand in line** [stænd in lain]

그럴 때는 **cut in line** 새치기하다 하지 말고 미리 가기 전에 **make a reservation** 예약하다 하는 센스를 발휘하세요.

• This restaurant is always crowded. 이 식당은 항상 만원이야.

혹 시간이 없으면 **fast food** 패스트푸드 점에 가서 **hamburger** 햄버거 나 **to go** 가지고 가다 해서 가면서 먹어야죠 뭐.

"Here or to go?" 여기서 드실 거예요, 가져가실 거예요?

"To go, please." 가져갈 거예요.

식당을 이용하게 되면 웨이터가 자리 안내해줄 때까지 기다리세요. 그리고 들어가서 자리를 잡으면 **menu** 메뉴를 보여줄 거예요. 먹고 싶은 것 가운데 제일 싼 것으로(돈이 없으니까!) 정한 다음 **order** 주문하다 를 하는 거죠. 메뉴선택에 자신이 없다면 이렇게 말하면 돼요. "What's good here?" 여기 뭐가 맛있어요? 라든지 "Can you recommend anything?" 좀 추천해주세요. 라고 말이죠. 아니면 이건 어때요? "What's the chef's recommendation?" 주방장 추천 메뉴는 뭐죠?, "What's today's special?" 오늘의 요리가 뭐죠?, "What can I get quickly?" 빨리 나오는 게 뭐죠?

---

cut in line [kʌt in lain]　**make a reservation** [meik ə rèzərvéiʃən]　**fast food** [fæst fu:d]
hamburger [hǽmbə̀ːrgər]　**to go** [tu gou]　**menu** [ménjuː]　**order** [ɔ́ːrdər]

만약 친구랑 같이 식사를 하는 경우고 친구가 맛있는 걸 시켰으면 이렇게 말하는 건 어떨까요.

"I'll have the same." 같은 걸로 먹을 게요.

beefsteak 비프스테이크 를 주문하는 경우라면 아마 웨이터 waiter 가 이렇게 물어볼 거예요. "How do you like your steak?" 스테이크 어떻게 해드릴까요? 괜히 폼 잡느라 **rare** 덜 익은 나 **medium** 중간 정도 익힌 을 택했다가 다 남기지 말고, "Well-done, please." 바싹 익혀주세요. 라고 말하세요. 아님 **medium well-done** 중간보다 조금 더 익힌 으로 하던지요.

저 같은 경우는 손에 분필가루가 묻어 있는 경우가 많아서 식당에 가서는 꼭 **wet towel** 물수건 을 달라고 해요. 손은 자주 닦는 게 좋은 거라고 홍보도 하잖아요. 음식 먹기 전에는 꼭 손을 닦으세요!

주문한 음식이 나오면 **spill the food** 음식을 흘리다 하지 않도록 조심하면서 맛있게 먹어야죠. 다 먹고 입가를 **napkin** 냅킨 으로 **wipe** 닦다 해요. 혹시 웨이터가 주문하지 않은 음식을 내놓으면서 이렇게 말하면 이게 웬 떡이냐 하겠죠?

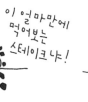

beefsteak [bíːfstèik]   **rare** [rɛər]   **medium** [míːdiəm]   **medium well-done** [míːdiəm wel-dʌn]
wet towel [wét táuəl]   **spill the food** [spil ðə fuːd]   **napkin** [nǽpkin]   **wipe** [waip]

170

• "This is on the house." 이것은 서비스입니다.

다 먹었으니 이제 계산을 해야겠네요.
이 순간이 가장 중요하죠. 혹시 친
구가 "Let me get this." 내가 살게. 라고
미리 말했다면 얼른 고맙다고 말해요. 저
는 절대 사양하지 않습니다. 호호. 일반적으로는
"Let's go Dutch." 각자 내자. 라고 하면 되겠죠. 그리고 계산할 때는 **receipt** 영수증
도 잘 챙겨야겠죠?

• Can we have the bill, please? 계산서 주세요.

• What's the total? 전부 얼마예요?

Dutch의 유래
네덜란드인들(Dutch)은 서로
각자 돈을 내는 습관이 있다고
해요. 그래 각자 내자고 할 때
Dutch가 들어간답니다. 정말 그
렇게 하는지 히딩크 감독님한테
카톡해봐야지~!

술집에서

몸에는 안 좋지만 이 녀석 없으면 살기 참 힘들 것 같아요. 바로 **alcohol** 술 아
니겠어요? 저는 어젯밤에도 과음했더니 **hangover** 숙취 로 지금도 머리가 지끈지
끈 아파요. 근데 어제 그렇게 많이 먹은 이유가 있었어요. 오랜만에 친구를 만났

는데 녀석이 이러는 거예요. "Let me buy
you a drink." 내가 한잔 살게. 이것도 절대 사
양하지 않습니다. 그래서 친구에게 이렇게
말했죠. "Let's drink till we drop." 나가떨
어질 때까지 마셔보자.

receipt [risíːt]   **alcohol** [ǽlkəhɔ̀ːl]   **hangover** [hǽŋòuvər]

171

건배!!
'건배합시다!'라는 말로 Let's make a toast.를 쓰기도 하는데요, 예전에는 술잔에 맛을 내려고 토스트 한 조각을 넣었다는 데서 유래한 표현이에요.

처음에는 제가 아는 **bar** 술집 에 가서 **beer** 맥주 로 가볍게 시작했죠. 오가는 술잔 속에 넘치는 정 아니겠어요. 점점 자리가 무르익어가면서 이런 말이 오가기 시작했죠. "Cheers!" 건배! "Bottoms up." 원샷!

그러다 보니 갑자기 맥주가 싱겁다는 flat 생각이 제 오른쪽 뇌에서부터 사정없이 치밀어오르는 게 아니겠어요. 그래서 **whisky** 위스키 로 내달린 거죠. 친구는 **on the rocks** 얼음을 넣어서 로 마셨지만, 저는 또 이렇게 이야기했어요. "I like it straight." 스트레이트로 주세요. "Make that a double, please." '더블'로 해주세요.

아무래도 **heavy drinker** 술고래 인가봐요. 부어라 마셔라 하다보니까 어느새 **feel tipsy** 취기가 오르다 하더라구요. **be buzzed** 알딸딸하다 해서 몸을 가눌 수가 없었죠. 그래서 친구가 "Let's make this the last one." 이것만 마시고 가자. 이라고 말하더군요. 친구 놈이 좋다고 계산하고 나왔으나… 2차를 갔죠. 헤헤.

• Let's go bar-hopping. 2차 가자.

bar [ba:r]   beer [biər]   whisky [wíski]   on the rocks [ən ðə raks]
heavy drinker [hévi dríŋkər]   feel tipsy [fi:l típsi]   be buzzed [bi bʌzd]

172

그랬더니 친구가 성질을 내면서 어디론가 데리고 갔는데, 도무지 기억이 없네요. 왜냐구요? **black out** 필름이 끊기다 하게 된 거죠. 그래도 친구가 안전하게 집에 데려다줬으니 얼마나 고마워요. 기특한 짜식. 그런데 그만 아침에 일어나서 간밤에 먹은 걸 모조리 **throw up** 토하다 했지 뭐예요. 그 뒤로는 그 녀석이 내 전화를 안 받네요.

음주 에티켓
우리는 소주나 맥주, 양주를 마실 때 '캬~', '크~' 등의 감탄사가 튀어나오는 건 너무나 자연스럽다고 생각하잖아요. 하지만 외국인들 앞에선 조심해야 해요. 이런 행동을 괴상한 행동으로 취급하는 사람들이 많거든요.

아무튼 얼른 **quit drinking** 술을 끊다 하든지 해야지 이러다간 친구가 한 명도 안 남겠어요. 여러분도 끊는 건 모르겠지만 적당히 마셔요. 안 그러면 저처럼 되기 십상이니까요.

black out [blæk aut]   **throw up** [θrou ʌp]   **quit drinking** [kwit dríŋkiŋ]

food 음식
· Here's special food only for you. 널 위한 특별한 음식이야.

dish 요리

breakfast 아침

lunch 점심

dinner 저녁

meal 식사 (주기적이고 일상적인 식사)
· I eat three meals a day. 하루에 세 끼 먹어.

diet 규정식, 식이요법
· She is on a diet. 그녀는 다이어트 중이야.

snack 간식 = eating between meals, light meal

skip 거르다

munchies 군것질거리

cookies 과자

beverage 음료수
· vending machine 자동판매기

refreshment 다과
· re(다시) + fresh(신선한) → 다과 (몸을 다시 신선하게 만들어주는 것)

여러 가지 맛

taste 맛

delicious 맛있는

sugar 설탕

sweet 단 = sugary
· I have a sweet tooth. 난 단 것 좋아해.

luscious 향긋한, 맛있는
· The peaches are lush and luscious.
그 복숭아들은 싱싱하고 맛있어.

juicy 즙이 많은 = succulent

sour 신 = acid
· This orange tastes rather sour. 이 오렌지 약간 셔.
· sour 심술궂은, 뽀로통한
What's the sour look for? 왜 그렇게 뽀로통해 있어?

herb doctor 한의사
· The herb doctor took my pulse. 한의사께서 내 맥을 짚으셨어.

Oriental medicine 한약

bitter 쓴
· Good medicine tastes bitter. 쓴 약이 몸에 좋은 법이야.

condiment 조미료

season 양념하다

hot 매운 = pungent, spicy
· This dish is too hot to eat. 이 요리는 너무 매워서 먹을 수가 없어.

salty 짠

hot pepper 고추

mustard 겨자

soy sauce 간장

tasteless 맛없는

flat 싱거운 = insipid
· flat은 원래 '평평한'의 의미로, '맛없는, 타이어가 바람이 빠진, 지루한, 단호한'이라는 의미를 가지고 있다.

bland 아무 맛이 안 나는

stir 휘젓다 = beat up

thick 진한, 걸쭉한

cook 요리사, 요리하다
· cooker 요리기구
· cookery 요리법

chef 주방장

recipe 조리법 = cookery
- Would you mind sharing your recipe?
  조리법을 알려줄 수 있어?

culinary skill 요리솜씨

deliver 배달하다
- Do you deliver? 배달 되나요?

rice cooker 밥솥

astringent 떫은

in season 제철인
- Fruits in season are tasty and good for the body.
  제철 과일이 맛도 좋고 몸에도 좋아.

poultry 가금 (닭, 오리, 거위 등)

delicatessen 조제 식품 =DELI
- I dropped by a deli on my way back home.
  집에 돌아오는 길에 조제 식품 판매점에 들렀어.

dairy 유제품

fish & seafood 생선 & 해산물

시장보기

market 시장
- My mom goes to market twice a week.
  우리 엄마는 일주일에 두 번 장을 보러가셔.

traditional market 재래시장

supermarket 슈퍼마켓

pork 돼지고기

lettuce 상추

bean paste 된장

grill 굽다 = toast

produce section 농산물 판매대
- The produce section is downstairs.
  농산품 코너는 아래층에 있어.

vegetables 야채

fresh 신선한

fat 비계
- Could you trim the fat off the meat? 비계는 빼 주실래요?

onion 양파
- Onions are good for our health. 양파는 건강에 좋아.

unripe red pepper 풋고추

sesame leaf 깻잎

strawberry 딸기
- This strawberry takes wonderful. 이 딸기는 맛이 끝내줘.

요리하기

hungry 배고픈

starve to death 굶어죽다, 아사하다
- I'm starving to death. 배가 고파 죽겠어.

appetizer 전채, 애피타이저, 식욕을 돋우는 것
- What should we order for an appetizer?
  애피타이저로 무얼 주문해야 할까?
- dessert 후식
  desert 사막, 버리다
- I have no appetite these days. 요즘 밥맛이 없어.
  I have a wolfish appetite these days. 요즘은 식욕이 왕성해.

noodles 라면

rice 쌀

macerate 불리다
- Leave it to macerate for 1 hour. 한 시간 동안 물에 불려.

cereals 잡곡

wash 헹구다 = rinse
- Can you wash the rice? 쌀 좀 씻어줄래?

nutrient 영양분

rice scoop 주걱

steam thoroughly 뜸들이다

set the table 상 차리다

sunny-side up 반숙 계란프라이
- I'd like my egg sunny-side up. 반숙 계란프라이로 부탁해.
- poached 뒤집지 않고 한 면만 익힌 것
  soft-boiled egg 터뜨려 양면 모두 익힌 것
  scrambled 스크램블한

side dish 반찬

soup 국

leftovers 남은 음식
- Can you pack the leftovers, please? 남은 음식 좀 싸주세요.
= Can I get that to go, please?
  I'd like to take the rest home.
  Could I have a doggy bag?

dessert 후식

stir 휘젓다, 뒤섞다

grate (강판으로) 갈다

pour 붓다

peel 벗기다

carve 베어 나누다

beat (달걀, 크림 등을) 휘젓다

slice (식빵, 치즈 등을) 썰다

chop 잘게 썰다

steam 찌다

broil (고기, 생선 등을) 오븐에 굽다

bake (빵, 감자 등을) 굽다

fry 기름에 튀기다

boil 삶다

식당에서

eat out 외식하다
- How often do you eat out? 얼마나 자주 외식을 해?

restaurant 식당

stand in line 줄서다

cut in line 새치기하다

make a reservation 예약하다
- I'll call the restaurant and make a reservation.
  내가 그 식당에 전화를 해서 예약을 할게.
- This restaurant is always crowded.
  이 식당은 항상 만원이야.

fast food 패스트푸드

hamburger 햄버거

to go 가지고 가다
- Here or to go? 여기서 드실 거예요. 가지고 가실 거예요?

menu 메뉴
- 메뉴 보여주세요.
  Will you show me the menu, please?
  May I see a menu?
  Menu, please.

order 주문하다
- Are you ready to order? 주문하시겠어요?
= May I take your order?
- 같은 걸로 먹을게요.
  I'll have the same.
  I'll have that, too.
  Make that two.
  Same here.
- 너랑 같은 거 먹을게. I'll have the same as you.

beefsteak 비프스테이크

rare 덜 익은

medium 중간 정도 익힌
- I'd like it medium. 중간 정도로 익혀 주세요.

medium well-done 중간 보다 조금 더 익힌
- well-done 충분히 익힌

wet towel 물수건

spill the food 음식을 흘리다
- Be careful not to spill the food. 음식을 흘리지 않도록 조심해.

napkin 냅킨

wipe 닦다
- wipe one's mouth with one's napkin 냅킨으로 입을 닦다
- spread one's napkin on one's lap 냅킨을 펴서 무릎에 얹다
- fold a napkin 냅킨을 접다

This is on the house. 이것은 서비스입니다.
= This is free.
  You don't need to pay for this.
  We won't charge for this.
  This is service. (×)

Let me get this. 내가 살게.
= It's on me.
  I'd like to pay for this.
  I'll pick up the tab.

Let's go Dutch. 각자 내자.
= Let's split the bill.
  Let's go fifty-fifty on the bill.

receipt 영수증

술집에서

alcohol 술

hangover 숙취
- I have a terrible hangover. 숙취가 심해.

bar 술집

beer 맥주
- I'll knock back this beer. 이 맥주 원샷할 거야.

whisky 위스키

on the rocks 얼음 넣어서

Make that a double, please. 강하게 해주세요.
= Double shot, please.
  Make it strong.

heavy drinker 술고래
- He used to be a heavy drinker. 그는 한때 술고래였어.
- I feel tipsy. 취기가 오르네.
  Let's go bar-hopping. 2차 가자.

feel tipsy 취기가 오르다

be buzzed 알딸딸하다

black out 필름이 끊기다
- pass out 필름이 끊기다
  pass away 돌아가시다, 죽다

throw up 토하다 = barf, vomit

quit drinking 술을 끊다 = stop drinking
- He has decided to quit drinking.
  그는 술을 끊기로 결심했어.

04 쇼핑

이건 사야 해!
쇼핑이 젤 좋아~

이제 의식주 food, clothing, and housing 가 해결되었으니 **shopping** 쇼핑 을 해볼까요?
요즘은 **department store** 백화점 말고도 **discount mart** 할인마트 가 인기더군
요. 거의 **wholesale price** 도매가격 에 살 수 있으니까요. 얼마 전에 옷을 사러 아
울렛에 갔었는데요, 사람이 엄청 많았어요. **checkout counter** 계산대 의 줄도
꽤 길었어요.

Garage Sale

외국에서 많이 볼 수 있는 색다
른 풍경이죠. 본인에게 필요 없는
물건들을 차고에 진열해놓고 파
는 거예요. 차고가 아닌 마당에서
하는 경우엔 Yard Sale이라고 하
고, 이사를 가기 때문에 살림살이
들을 처분하는 경우엔 Moving
Sale이라고 합니다.

백화점도 **bargain sale** 할인 판매기간 에는 **retail
price** 소매가격 보다 싸게 파는 경우가 있죠.
특히 **clearance sale** 떨이판매 할 때는 파
격적인 가격으로 팔아요. 블랙 프라이데
이 같은 파격 할인 기간에는 90%까지도
할인을 하다보니 **merchandise** 상품 가
금방 **sold out** 품절된 돼요.

눈물의 clearance sale 이에요.

다 가져가...

shopping [ʃápiŋ] **department store** [dipá:rtmənt stɔ:r] **discount mart** [dískaunt ma:rt]
wholesale price [hóulseil prais] **checkout counter** [tʃékaut káuntər]
bargain sale [bá:rgən seil] **retail price** [rí:teil prais] **clearance sale** [klíərəns seil]
merchandise [mɔ́:rtʃəndàiz] **sold out** [sóuld áut]

할인폭이 클 때는 교환·환불이 안 되는 경우가 많으니 치수size 확인은 확실히 해야 해요.

top brand 명품 는 **window shopping** 윈도우 쇼핑 만 하다가 벼르고 별러 **duty free (shop)** 면세점 을 이용해 저렴하게 구입하곤 하죠. 명품이 **expensive** 비싼 하다고 **fake** 모조품 를 이용해선 안돼요! **genuine** 진품인 한 제품을 사용합시닷!

어제는 백화점에 갔어요. 저는 **favorite brand** 선호하는 브랜드 는 특별히 없어요. 대신 직업 특성 때문에 화려한 컬러나 무늬의 옷을 사는 편이에요. 한 브랜드에서 맘에 드는 옷을 발견했고 제게 맞는 **size** 사이즈를 입어보기로 했죠.

• Do you have this in my size?

　이걸로 저한테 맞는 사이즈 있어요?

---

top brand [tap brænd]　**window shopping** [wíndouʃàpiŋ]　**duty free (shop)** [djúːti friː (ʃap)]
expensive [ikspénsiv]　**fake** [feik]　**genuine** [ʤénjuin]　**favorite brand** [féivərit brænd]
size [saiz]

그런데 맘에는 들었지만 너무 비싸더라구요. 그래서 제가 그랬죠. "Can you give me a discount?" 좀 깎아주세요. 그랬더니 백화점이라서 **fixed price** 정찰가 라는 거예요. 결국은 "I'll look around a little more." 좀더 둘러볼게요. 라고 말하고 그냥 나왔어요.

Pawn Shop

길거리를 다니다 간판에 Pawn Shop이라고 써진 걸 많이 볼 수 있어요. '전당포'라는 뜻이랍니다. 물건을 맡기고 돈을 빌리는 사람도 많고, 찾아가지 않은 물건들을 팔기 때문에 그런 중고품을 사기위해 많은 사람들이 이용하죠. 가전제품, 스포츠용품, 장난감, 책, 음반 등 다양한 물건을 다룹니다.

언제나 맘에 드는 옷은 내 사이즈가 없거나 너무 비싸요. 안 샀으니 돈 벌었다고 생각하는 수 밖에요.

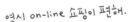

요즘은 **Internet shopping mall** 인터넷 쇼핑몰 이나 **TV home shopping** TV 홈 쇼핑 에서 실속 있게 물건 구입하는 사람도 많더군요. 특히 어떤 쇼핑사이트는 **auction** 경매방식 으로 물건을 팔아서 정말 싸게 물건을 살 수도 있더라구요. 하긴 세일 기간에 백화점 근처 시내 downtown 의 혼잡한 교통 traffic jam 을 생각하면 **on-line** 온라인으로 쇼핑을 하는 게 더 효율적일지도 몰라요. 온라인 쇼핑의 점유율은 해마다 높아져서 요즘에는 오프라인 유통업체들이 다들 힘들어하죠. 더군다나 요즘에는 **overseas direct purchase** 해외직구 를 통해 더욱 저렴한 가격에 상품을 구매하는 똑똑한 소비자들도 늘고 있답니다.

fixed price [fíkst práis] **Internet shopping mall** [íntərnet ʃápiŋ mɔːl]
TV home shopping [tíːvíː hóum ʃápiŋ] **auction** [ɔ́ːkʃən] **on-line** [ɔ́ːn-láin]
overseas direct purchase [ouversíːz dairékt páːrtʃəs]

그나저나 요즘은 동네에 대형할인매장이 많이 생겨서 기존의 작은 **store** 가게 가 울상이에요. 저는 그래도 동네 가게를 이용합니다. 왜냐! **on credit** 외상으로 으로도 살 수가 있거든요. 흐흐흐.

우리나라처럼 **convenience store** 편의점 가 많은 데도 없을 거예요. 우리나라 사람들은 밤늦게까지 깨 있기로sit up late 유명하잖아요. 술 취한 사람들이 한밤중이나 새벽에 자주 이용하는데요, 어떤 아저씨는 취해서 **scratch and win lottery ticket** 즉석 복권 하나 사면서 **haggle** 값을 흥정하다 한다니까요. 그리고 **plastic bag** 비닐봉지 을 공짜로 달라고 하죠. 그러면서 항상 이렇게 큰소리쳐요. "Keep the change!!" 잔돈은 가져!! 아저씨! 거스름돈 10원 남거든요?

그거 아세요? 미국이나 캐나다의 일반 슈퍼마켓에서는 3% 이하의 저 알코올 맥주만 팔아요. 알코올 도수가 높은 술은 **liquor store**에서만 살 수 있답니다. 물론 어린이는 들어갈 수 없죠. 술을 살 때는 신분증을 제시해야 하구요. 그리고 술과 곁들이면 좋을 음식이나 안주도 함께 파는 liquor store도 있어요.

---

store [stɔːr] **on credit** [ən krédit] **convenience store** [kənvíːnjəns stɔːr]
scratch and win lottery ticket [skrætʃ ənd win látəri] **haggle** [hǽgl]
plastic bag [plǽstik bǽg] **liquor store** [líkər stɔːr]

shopping 쇼핑

department store 백화점

discount mart 할인마트

wholesale price 도매가격

checkout counter 계산대

bargain sale 할인 판매

retail price 소매가격
- MSRP 권장소비자가격(manufacturer's suggested retail price)

clearance sale 떨이판매
- Our shop is having a clearance sale.
  우리 가게는 떨이판매 중입니다.
- This is almost for nothing. 이건 공짜나 다름없어요.

merchandise 상품

sold out 품절된, 매진된 = out of stock

top brand 명품

window shopping 윈도우 쇼핑(눈으로만 보는 쇼핑)

duty free (shop) 면세점
- I'll buy some cosmetics at a duty-free shop.
  면세점에서 화장품을 살 거야.

genuine 진품인 = authentic

expensive 비싼 = costly, dear

fake 모조품 = imitation
- Watch out for fake items. 유사품에 주의하세요.

favorite brand 선호하는 브랜드

size 사이즈
- Do you have this in my size? 이걸로 저한테 맞는 사이즈 있어요?
  What size do you wear? 사이즈 몇 입으세요?
  I wear a medium. 저 M사이즈 입습니다.
  We don't have your size. 손님께 맞는 사이즈가 없습니다.
  Do you have this in a larger size? 이거 한 사이즈 큰 걸로 주세요.

fixed price 정찰가
- We go by the price tag.
  우리는 정찰제입니다.= Our prices are fixed.

Internet shopping mall 인터넷 쇼핑몰

TV home shopping TV 홈쇼핑

auction 경매
- Dutch auction 역경매(값을 떨어뜨리면서 하는 경매, reverse auction)
  public auction 공매
  mock auction 담합거래

on-line 온라인으로
- You can also buy it on-line. 그것은 온라인으로도 구입할 수 있어.

overseas direct purchase 해외직구

store 가게

on credit 외상으로
- We never sell on credit. 외상은 절대 사절입니다.
- No credit. Cash only. 외상사절
- installment plan 할부
- on a 12-month installment plan 12개월 할부로

convenience store 편의점
- Where is the nearest convenience store?
  가장 가까운 편의점은 어디야?

scratch and win lottery ticket 즉석 복권

haggle 값을 흥정하다
- How much discount do we get? 얼마나 할인이 되나요?
- 50% off. 50% 할인

plastic bag 비닐봉지

liquor store 주류 판매점

어떤 운동을 하고 계십니까

여러분은 건강을 위해 매일 **exercise** 운동 하고 있나요? 따로 하는 건 없고 달밤에 **gymnastics** 체조 를 한다구요? 변명이겠지만 저는 운동할 시간이 없어서 새벽 수업할 때 강단podium 을 계속

왔다갔다하면서 **morning walk** 아침산책 을 해요. 그래서인지 맨 앞줄에는 아무도 안 앉아요. 휴우.

• You should get regular exercise to stay healthy. 건강하려면 규칙적으로 운동해야 해.

제가 만약 일제강점기 때 태어났다면 목숨 걸고 해야 했을 운동이 하나 있어요. 맞아요! **independence movement** 독립운동 ! 전 요즘 노래방에 가도 독립군가를 부른다고요. "독

exercise [éksərsàiz] **gymnastics** [ʤimnǽstiks] **morning walk** [mɔ́ːrniŋ wɔːk]
independence movement [ìndipéndəns múːvmənt]

립~ 독립~ 오 독립 한 잎 두 잎 떨어지는 가을밤에~~♫♪♪" 호호호. 암튼 운동을 열심히 합시다.

우리나라 사람들이 세계에서 제일 잘 하는 **sports** 스포츠가 뭘까요? **archery** 양궁, **taekwondo** 태권도, **badminton** 배드민턴 등 **event** 종목가 다양해요. 요즘 씨름 아이돌이 생길 정도로 **Korean wrestling** 씨름이 다시 뜨거워지고 있어요. **thigh band** 샅바를 잡고 들배치기를 하는 장면을 보면 그 매력에 열광하는 건 당연한 걸지도 몰라요.

어근 chron '시간'
어근 chron은 '시간'이라는 뜻이에요. synchronize는 '함께'라는 뜻의 syn과 chron(시간)이 합해져서, '동시발생'이라는 뜻이 된 거죠.
• ana(뒤) + chron(시간)
→ 시대에 뒤진, 시대착오적인
(anachronistic)

저는 **Olympic Games** 올림픽경기 중에 **synchronized swimming** 수중발레을 볼 때마다 정말 감탄사가 절로 나와요. 그 다음으로 신기한 종목은 **walking marathon** 경보 이에요. 저러다 발에 쥐나면 have a cramp 어쩌려고 하는 생각도 들고 걷는 속도가 엄청 빨라서 신기하기도 하구요.

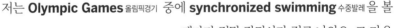

우리나라에서 **soccer** 축구의 인기는 참 대단하죠. 우리나라와 일본에서 열린 2002 Korea-Japan World Cup에서 **semi-finals** 준결승전까지 올라갔던 건 절

---

sports [spɔːrts]   **archery** [áːrtʃəri]   **taekwondo** [táikwàndóu]   **badminton** [bǽdmintn]
event [ivént]   **Korean wrestling** [kəríːən résliŋ]   **thigh band** [θai bænd]
Olympic Games [əlímpik geims]   **synchronized swimming** [síŋkrənàizd swímiŋ]
walking marathon [wɔ́ːkiŋ marathon]   **soccer** [sákər]   **semi-finals** [sèmifáinlz]

대 잊을 수 없는 감동이었어요. 열심히 **cheering** 응원했던 기억이 나네요. 언젠가 이번에는 일본 말고 남북한이 공동으로 월드컵이 개최되는 날이 왔으면 좋겠네요. 그나저나 FIFA는 어디서 온 말일까요? 이 정도는 상식이니 꼭 기억해둡시다. **FIFA**는 Fédération Internationale de Football Association(세계축구연맹)의 이니셜을 따서 부르는 말에요. 상식 하나 더! 현재 한국의 FIFA **ranking** 순위 은 40위(2019년 12월 19일 발표 기준)입니다.

요즘은 **rollerblading** 롤러블레이드 이 참 인기죠? 제가 고등학교 다닐 때만 해도 **roller skating** 롤러 스케이트 이 인기였는데 말이죠. **roller-skating rink** 롤러 스케이트장 가 요즘 다시 뜨고 있다고 하니 얼마나 반가운지요.

사실은 정말 해보고 싶은 **leisure sports** 레저 스포츠 가 있는데, 그건 바로 멋진 **resort** 휴양지 에 가서 인어 mermaid 처럼 바다 속을 탐험하는 **scuba diving** 스쿠버다이빙 이에요. 언젠가 반드시 스쿠버다이빙해서 영화 「타이타닉」에서 로즈가 던져버린 세계 최고가의 목걸이를 꼭 찾아내고 말 거야!

cheering [tʃíəriŋ] FIFA [fíːfə] ranking [ræŋkiŋ] rollerblading [róulərblèid]
roller skating [róulər skèitiŋ] roller-skating rink [róulərskèitiŋ riŋk]
leisure sports [líːʒər spɔːrts] resort [rizɔ́ːrt] scuba diving [skjúːbə dàiviŋ]

바다하면 **beach** 해변 로 가야죠. **swimming suit** 수영복 를 입고 **suntan** 선탠 하며 멍하게 시간 보내는 게 최고의 힐링아니겠습니까.

여러분은 **recreation** 기분전환, 오락 을 위해 무엇을 하나요? 요즘은 대부분 스마트폰이나 컴퓨터 게임을 하며 여가시간을 보내는 거 같아요. 근데 기분전환으로 게임 너무 많이 했다간 사이버 친구밖에 없을 수 있어요. 엄마가 휘두르는 등짝 스매싱도 피할 수 없구요.

• My brother is addicted to online games. 내 동생은 온라인 게임에 중독이 됐어.

엄마. 저도
기분전환이 필요해요.

허구한 날
기분전환이냐?

exercise 운동 = workout
· You should get regular exercise to stay healthy.
건강하려면 규칙적으로 운동하셔야 해.
· Do you work out every morning? 아침마다 운동해?

gymnastics 체조

morning walk 아침산책
· I take a morning walk everyday. 나는 매일 아침 산책을 해.

independence movement 독립운동
· Independence Day 광복절
Independence Movement Day 3.1절
Constitution Day 제헌절
Foundation Day 개천절

sports 스포츠

archery 양궁

taekwondo 태권도
· My uncle is a taekwondo instructor. 삼촌은 태권도 사범이야.

badminton 배드민턴

event 종목

Korean wrestling 씨름

thigh band 샅바

Olympic Games 올림픽경기

synchronized swimming 수중발레
· 어근 chron 시간
synchronise: syn(함께)+chron(시간)
→ 동시 발생하다, 시계를 같은 시간으로 맞추다
chronic: 고질적인
anachronistic: ana(뒤)+chron(시간)→시대에 뒤진, 시대착오적인
diachronic: dia(through)+chron(시간)→통시적인

walking marathon 경보
· Walking marathon is not an easy sport.
경보는 쉬운 운동이 아니야.

soccer 축구
· I play soccer almost everyday. 나는 거의 매일 축구를 해.

semi-finals 준결승전

cheering 응원 = rooting

FIFA 세계축구연맹 = Fédération of Internationale de Football Association
· IOC: International Olympic Committee

ranking 순위

rollerblading 롤러 브레이드 = inline skating
· rink 스케이트장

roller skating 롤러스케이트
· Let's go roller skating at the park.
공원으로 롤러스케이트 타러 가자.

roller-skating rink 롤러 스케이트장
· golf-links 골프장 = golf course

leisure sports 레저 스포츠

resort 휴양지
· The beach resort is well-known for sea sports.
그 해변 리조트는 해양스포츠로 유명해.

scuba diving 스쿠버다이빙
· I went scuba diving for the first time.
나는 난생 처음으로 스쿠버다이빙을 하러 갔어.

beach 해변

swimming suit 수영복

suntan 선탠
· I want to get a suntan this summer.
올 여름에 선탠을 하고 싶어.

recreation 기분전환, 오락
· What do you do for recreation? 오락으로 뭐 해?

06 여행

지구는 넓어도
세계는 좁다

여러 가지 여행

아이고, 쇼핑하러 **downtown** 시내중심가 을 돌아 다녔더니 머리가 다 아프네요. 정말 서울 시내는 너무 복잡해요. **traffic jam** 교통 혼잡 도 장난이 아니구요. 일산이나 과천 같은 **suburb** 근교 로 **picnic** 소풍 가고 싶어요.

학창시절 school days 에 가던 소풍 생각나요? 엄마가 싸주시던 김밥! 참 맛있었는데. 특히 점심시간 후에 **treasure hunt** 보물찾기 를 할 때면 항상 흥분해서 날뛰곤 했어요. 또 오후에 하던 **performance contest** 장기자랑 경연대회 는 어떻구요. 제가 한 노래에다 한 춤 하거든요.

downtown [dáuntàun]   **traffic jam** [træfik ʤæm]   **suburb** [sʌ́bəːrb]   **picnic** [píknik]
treasure hunt [tréʒər hʌnt]   **performance contest** [pərfɔ́ːrməns kántest]

field trip

초·중학교 때 갔던 **field trip** 현장 학습은 교실이 아닌 현장에서 체험도 하며 배우는 수업이라 전날부터 기다려지죠. 대학생들은 방학이면 **go backpacking** 배낭여행가다 하는 게 유행이죠? 저는 대학 다닐 때 배낭여행은 꿈도 못 꿨어요. 왜냐면 배낭이 없었거든요. 헤헤.

• I'm going backpacking this summer.

　나 올 여름에 배낭여행 갈 거야.

가장 일반적인 말로 여행을 표현할 때는 **travel**을 사용하면 됩니다. 주로 업무 때문에 가는 짧은 여행은 **trip**이라고 하고, 여기저기 둘러보는 유람여행은 **tour**라고 해요. **journey**는 다소 긴 여행을 뜻하니까 마음 단단히 먹고 출발해야 합니다. journey 중에 어머니가 '이때다' 하고 다른 곳으로 이사 가버리실 수도 있어요. 헉~! 갔다 와서 졸지에 **homeless** 노숙자의 인 신세가 될 수 있으니 평소에 부모님께 효도하세요.

• I'm going on a four-day (three-night) trip to China. 3박 4일로 중국으로 여행갈 거야.

해상으로 하는 비교적 긴 여행은 **voyage** 항해 라고 해요. 영화 「타이타닉 Titanic」이 바로 그 배경이죠. 저는 멀미가 심해서 배로 가는 여행은 힘들지만 언젠가는 꼭 도전할 거예요. 제 버킷리스트에 voyage가 있거든요.

traveler

traveler는 '여행자, 여행가'를 의미합니다. 그럼, journeyman도 같은 뜻 아니냐구요? journey에 man이 붙었지만, 뜻은 '숙달된 직공'이라는 전혀 다른 뜻이에요. 헷갈릴 수 있으니 알아둡시다.

field trip [fíːld trip]　**go backpacking** [gou bǽkpækiŋ]　**travel** [trǽvəl]　**trip** [trip]　**tour** [tuər]
journey [ʤə́ːrni]　**homeless** [hóumlis]　**voyage** [vɔ́iiʤ]

저도 멋진 **pleasure boat** 유람선 타고 지중해 Mediterranean Sea 로 **cruise tour** 크

루즈여행 한번 해봤으면 좋겠어요. 그리고 나중에 남극 Antarctica 으로 **safari** 원정여행

가면 좋겠어요. 펭귄 penguin 도 볼 수

있잖아요. 펭귄 엄청 좋아하거

든요. 두 발로 걸어 다녀서 인

지 아주 묘하게 매력적인 동물인

거 같아요.

• We met each other on cruise tour.

우리는 크루즈여행 중에 만났어.

historic

historic은 '역사상 유명한'의 뜻
이라면 historical은 '역사의'라
는 뜻이에요. 그리고 classic은 '일
류의', classical은 '고전의'라는
뜻입니다.

그리고 체력 보강한 다음에 우리나라 **historic site** 유적지 를 집중적으로 돌아보

는 **theme tour** 테마여행 도 가보고 싶어요. 제가 또 한 역사의식 하잖아요. 이게

대체 뭔 소리여~ 긁적긁적! 김좌진 장군

의 청산리 대첩 현장을 보면서 데리고

간 친구랑 **role-playing** 역할연기 도 해볼

거예요.

가끔 떠나는 여행은 삶의 활력소 tonic 가 돼죠. 그러니 여러분도 소중한 사람과

여행을 떠나보세요. 해외여행도 좋구요. 그러려면 제 강의 잘 들으면서 영어실력

도 키워야 해요. 여행 갔다가 영어 제대로 못하면 오히려 스트레스 쌓이는 수가

있거든요. 호호.

pleasure boat [pléʒər bout]　**cruise tour** [kruːz tuər]　**safari** [səfáːri]
historic site [histɔ́ːrik sait]　**theme tour** [θíːm tuər]　**role-playing** [róulplèiiŋ]

여행도 가끔 해야지 항상 여행 중이면 **vagabond** 방랑자 가 돼요. 무슨 **nomad** 유목민 도 아니고 만날 돌아다니면 되겠어요? 자! 황당 퀴즈 하나~. 한 번만 갔다 오는 게 좋은 여행이 하나 있는데, 뭘까요? 그건 바로 **honeymoon** 신혼여행 이죠.

날 Vagabond라 불러주오.

또 가나보구나.

해외여행

나도 해외여행 가기도 했어!

짐 싸.

"The Earth is large, but the world is small." 지구는 넓어도 세상은 좁다. 이 말은 세계가 점점 좁아지고 있다는 말일 텐데요.

이제 **globalization** 세계화 은 피할 수 없는 인류의 운명이 됐으니 여러분도 해외 여행할 준비를 해야겠죠? 그래서 저도 올 봄에 큰 맘 먹고 저 멀리 캐나다에 다녀왔습니다. **visa** 비자 없이도 다녀올 수 있는 곳이라 선택했죠. 근데, **airfare** 항공요금 가 꽤 비싸더군요. 친구가 **travel agency** 여행사 에 다녀서 친구 통해 **round-trip ticket** 왕복항공권 과 **hotel** 호텔 을 저렴하게 **reserve** 예약하다 했어요.

호텔은 내가 예약 해줄게.

어. 그래.

vagabond [vǽgəbànd]   **nomad** [nóumæd]   **honeymoon** [hánimuːn]
globalization [glòubəlizéiʃən]   **visa** [víːzə]   **airfare** [έərfɛər]   **travel agency** [trǽvəl éiʤənsi]
round-trip ticket [ráundtrip tíkit]   **hotel** [houtél]   **reserve** [rizə́ːrv]

● 공항에서

출발 당일!! **airport bus** 공항버스를 타고 동북아시아의 **transportation hub** 교통 중심지인 **Incheon International Airport** 인천국제공항로 갔답니다. 역시 아무도 **see off** 배웅하다 하러 나오지 않았더군요. **check-in** 탑승수속 하려고 혼자 **trunk** 여행용 큰 가방를 질질 끌고 **airline** 항공사 카운터로 가서 **flight ticket** 항공권과 **passport** 여권를 제시하고 **boarding pass** 탑승권

를 받았어요. 친구가 예약할 때 **aisle seat** 통로좌석으로 지정해서 **window seat** 창가 좌석으로 바꿨어요. 저는 편하게 잠을 잘 수 있는 창가 자리를 선호하거든요.

그런 다음 직원이 제 **baggage** 짐를 저울 scale 에 올리더니 한계초과라며 **extra charge** 추가요금를 내라는 거예요. '그냥 대충 봐주지~' 싶어 몇 번을 부탁했지만 짐을 빼든지 요금을 내든지 하라더군요. 결국은 추가 요금을 냈습니다.

다음엔 **security check** 보안 검색을 해야 하잖아요. 저는 이거 할 때면 왜 그렇게 마음이 조마조마한지 모르겠어요. 잘못한 것 없는데 괜히 떨려요.

---

airport bus [ɛ́ərpɔːrt bʌs]　transportation hub [trænspərtéiʃən hʌb]
Incheon International Airport [intʃən ìntərnǽʃənəl ɛ́ərpɔːrt]　see off [siː ɔf]
check-in [tʃékin]　trunk [trʌŋk]　airline [ɛ́ərlain]　flight ticket [fláit tíkit]　passport [pǽspɔːrt]
boarding pass [bɔ́ːrdiŋ pǽs]　aisle seat [áil siːt]　window seat [wíndou siːt]　baggage [bǽgidʒ]
extra charge [ékstrə tʃɑːrdʒ]　security check [sikjúərəti tʃek]

시간을 보니 아직도 **take-off** 이륙 까지는 한 시간 정도 남아서 **exchange** 환전하다 하고 **duty free** 면세점 에서 쇼핑도 했어요. 어느 순간 시계를 보니 시간이 거의 다 된 게 아니겠어요? 근데 제가 탈 비행기의 **gate** 탑승구 는 한참 가

야 되더라구요. 그래서 **moving walkway** 이동식 보도 를 무슨 영화라도 찍는 것처럼 열심히 뛰어서 겨우 탑승구에 도착했죠. 땀을 뻘뻘 흘리며 도착할 때쯤 **final call** 최종탑승 안내방송 에서 제 이름이 우렁차게 나오고 있었답니다. 하마터면 울면서 이럴 뻔했잖아요. "I missed KAL Flight No. 745 to Vancouver." 밴쿠버행 대한항공 745편을 놓쳤어요.

● **비행기 안에서**

저는 이륙하기 전에 엄청 긴장을 해요. 진정시키려고 calm down 눈도 감고 물도 마셔요. 조금 지나면 안전벨트 사인이 꺼지고 **flight attendant** 승무원 가 **in-flight meal** 기내식 을 제공합니다.

take-off [téikɔf] exchange [ikstʃéindʒ] duty free [djú:ti fri:] gate [geit]
moving walkway [mú:viŋ wɔ́:kwei] final call [fáinl kɔ:l] flight attendant [fláit əténdənt]
in-flight meal [ínflait mi:l]

어근 lav '씻다'

어근 lav는 '씻다'라는 뜻이에요.
lavatory는 기내의 화장실을 말
하는데요, 대변이 싹 씻겨내려가
는 곳이라 앞에 lav가 붙었나봐요.

식사를 하고 **lavatory** 화장실로 가서 양치를 해요. **occupied** 사용 중라고 돼 있으면 안에 사람이 있는 거예요. 반대로 **vacant** 는 '비어 있는, 공석의'라는 의미로, 바로 사용해도 돼요.

landing 착륙할 때 항상 느끼는 거지만, 땅에 세게 부딪히면 어쩌나 조마조마 해요. 그래서 착륙시 충격을 완화시키려고 엉덩이를 살짝 들고 있었지요. 옆자리 승객이 이상한 눈으로 쳐다보더군요. 혹시 이 사람 방귀 fart 뀌려고 그러나 했을 거예요. 호호.

● 입국심사

내려서 **IMMIGRATION** 입국심사 이라고 되어 있는 곳에서 입국심사를 해야 하는데요, 좀 무섭더군요. 한국으로 다시 돌아가라고 하면 어떡해요. 줄 서 있는 동안에 여권, 항공권, 입국신청서를 챙겨 손에 꼭 쥐고 있었죠. 차례가 돼서 그걸 내밀었더니, 심사관이 입국목적이나 체류기간을 묻더군요. 여러분도 받게 될 질문이니까 사전에 조금 공부하고 가세요. 영어를 잘 하더라도 긴장하면 대답 못할 수 있잖아요.

lavatory [lǽvətɔ̀ːri]   **occupied** [ákjupài]   **vacant** [véikənt]   **landing** [lǽndiŋ]
immigration [ìməgréiʃən]

194

조마조마하던 입국심사를 무사히 마치고, **baggage claim area** 수하물 찾는 곳 로 가서 **carrousel** 운반대 턴테이블 앞에 서 제 분홍색 가방이 나오기를 기다렸죠. 저는 다른 사람과 헷갈리지 않으려고 분홍색을 샀답니다. 독특하거나 눈에 잘 띄는 색의 여행 가방을 준비하거나 가방에 손수건이나 네임태그를 달아 쉽게 **pick up** 찾다 할 수 있게 해요.

이제 **clear customs** 세관을 통과하다 해야 할 거 아니겠어요. 제가 이상하게 생겼는지 저는 꼭 검사를 엄청 길게 하더라구요. 내가 이렇게 생기려고 생겼나요…. 세관원이 "Anything to declare?" 신고하실 것 있습니까? 라고 하길래, 사실 마음 같아서는 "독도는 우리땅!!"이라고 외치고 싶었지만 "No, nothing." 아니요, 아무것도 없습니다. 이라고 간단히 말하고 공항을 빠져나왔답니다.

● 호텔에서

시간을 보니 이미 저녁 8시가 넘었고… 호텔까지 **on foot** 걸어서 해서 가기에는 너무 어둡고 멀더라구요. 그렇다고 **taxi** 택시 를 타자니 **fare** 요금 가 많이 나올 것 같고, 그래서 공항버스를 타기로 결정했어요.

baggage claim area [bǽɡidʒ kleim ɛ́əriə]　　**carrousel** [kæ̀rəsél]　　**pick up** [pik ʌp]
clear customs [klíər kʌ́stəmz]　　**on foot** [ən fut]　　**taxi** [tǽksi]　　**fare** [fɛər]

호텔에 내릴 때쯤, 정말 온몸이 다 뻐근하더라구요. 그래서 **front desk** 접수창구로 가서는 얼른 **check in** 체크인, 체크인하다 하고 올라가서 잠잘 생각에 서둘러서 말했죠. "Good evening. I have a reservation under the Moon-duck." 안녕하세요. '문덕'이라는 이름으로 예약을 했습니다. 그런데 글쎄 이상한 소리를 하는 거예요. "We gave your room to another guest." 손님방을 다른 손님께 드렸습니다. 아니 이게 무슨 소리여? 알고보니 제 친구 녀석이 **confirm a reservation** 예약을 확인하다 을 안 했더라구요. 남는 방이 **suite** 스위트룸 밖에 없다는 거예요 글쎄. 그래서 거의 올다시피 사정사정 했더니 방금 **check out** 체크아웃 한 방이 하나 있다면서 내주더군요. 친구 녀석과 절교해야겠다고 생각하면서 방으로 가서 열 받은 채로 샤워도 안 하고 그냥 자버렸답니다. 휴우~.

다음날 호텔에서 간단하게 아침 먹으려고 식당으로 갔어요. **American breakfast**와 **Continental breakfast**가 있더라구요. American breakfast에는 계란요리와 함께 소시지 등 여러 가지가 푸짐하게 나오고, Continental breakfast에는 곡물로 만든 저칼로리 빵과 잼, 버터, 시리얼이 나와요. Continental breakfast가 더 싸서 그걸로 선택했죠 뭐.

front desk [fránt desk]　check in [tʃék in]　confirm a reservation [kənfə́:rm ə rèzərvéiʃən]
suit [swi:t]　check out [tʃék aut]　American breakfast [əmérikən brékfəst]
Continental breakfast [kàntənéntl brékfəst]

● 관광지에서

여행 첫날을 멋지게 시작하려고, 밴쿠버 **downtown** 시내 중심가 이 한눈에 보이는 하버타워에 가기로 계획을 세웠죠. **bus ticket** 버스표을 끊으려는데, 대중교통 하루 이용권 Day Pass 이 있다고 하더라구요. 그래서 **ticket office** 매표소 엘 갔죠. 매표소엔 사람들이 많아서 옆의 **automatic ticketing machine** 자동 티켓 판매기 으로 구입하려고 했죠. **coin** 동전을 넣고 아무리 해도 안되는 거예요. 제가 500원짜리를 넣은 거 있죠. 비웃지 마세요.

하버타워에 다녀온 뒤, 대중교통 하루 이용권이 있으니 여기저기 많이 돌아다니기로 했어요. 본전 뽑아야죠. 호호. 밴쿠버의 지하철은 Skytrain이라고 해요. 미국에선 **subway**, metro라고 하고 영국에선 tube, underground, 홍콩에선 MTR이라고 하죠. 왜 이름이 다 다른 거야~~!!! 지하철뿐만 아니라 Seabus도 탔습니다. 마치 한강 유람선 타는 기분이라 괜히 건너갔다 왔다, 혼자 사진 찍고 그랬답니다. 혼자 다니니 여행할 의욕도 안 나구요. 역시 여행은 사랑하는 사람들과 함께 해야 한다니까요.

MTR
홍콩의 지하철을 MTR이라고 하는데요, Mass Transit Railway의 약자예요. Mass는 대중을 의미하는 건 알죠? ^^

여행 얘기를 하자면 끝도 없구요. 해외여행지에서 유용하게 쓸 수 있는 표현 몇 가지를 말씀드리면서 마무리할게요.

---

downtown [dáuntaun]   bus ticket [bʌ́s tíkit]   ticket office [tíkit ɔ́:fis]
automatic ticketing machine [ɔ̀:təmǽtik tíkitiŋ məʃí:n]   coin [kɔin]   subway [sʌ́bwei]

- What's the purpose of your visit? 방문 목적은 뭔가요?

  → Sightseeing. 관광이요.

  → I'm visiting relatives. 친척방문이요.
- Where will you be staying in the U. S.? 어디 머무실 건가요?

  → I'll be staying at the Hilton Hotel. 힐튼 호텔에 묵을 겁니다.
- What's your final destination? 마지막 목적지가 어디입니까?
- Is this your first trip to the U. S.? 이번이 첫 번째 미국여행입니까?

- I can't find my baggage. 제 수하물을 찾을 수 없어요.
- What kind[sort] of baggage is it? 어떤 종류[모양]의 수하물입니까?

  → It's a pink suitcase. 분홍색 여행가방입니다.

- Do you have anything to declare? 신고할 사항이 있습니까?

  → No, nothing. 아니오, 아무 것도 없습니다.

  → Yes, I have two bottles of whisky/wine. 위스키/포도수 두 병이 있습니다.

- Where is the nearest bank? 가까운 은행이 어디인가요?
- Can I get some change, please? 잔돈으로 바꿔주세요.

- Can I have a bus timetable? 버스시간표가 있나요?
- Could you draw me a map? 약도를 그려 주시겠어요?
- Do you go to the Hilton Hotel? 힐튼 호텔에 갑니까?
- I'm getting off here. 여기서 내려주세요.
- Please tell me when I should get off. 언제 내릴지 알려 주시겠습니까?
- Where is the taxi stand? 택시 승차장은 어디입니까?

관광

- Where am I now on this map? 저는 지금 이 지도에서 어디에 있습니까?

- Where is the nearest subway station? 가장 가까운 지하철역이 어디입니까?

- How long will it take on foot? 걸어서 얼마나 걸리나요?

- Can I take a picture here? 여기서 사진을 찍어도 되나요?

- Could you take a picture for me? 사진을 좀 찍어주세요?

- Where is the restroom? 화장실이 어디에요?

- Please write it here. 여기 적어주세요.

호텔

- Can I make a reservation for tonight? 오늘밤 방을 하나 예약할 수 있을까요?

- I'd like to stay for five days. 5일간 묵고 싶습니다.

- What's the rate for a room per night? 하루에 얼마입니까?

- Does the price include breakfast? 요금에 아침식사가 포함됩니까?

- Are there any cheaper rooms? 좀 더 싼 방이 있나요?

- I'd like to stay one more night. 하룻밤 더 묵으려구요.

- What's this charge for? 이 요금은 뭔가요?

- Can you hold my stuff for me, please? 제 짐을 맡아 주시겠어요?

① **Laundromat** 동전 빨래방

② **drugstore/pharmacy** 약국

③ **convenience store** 편의점

④ **phto shop** 사진현상소

⑤ **parking space** 주차장

⑥ **traffic light** 신호등

⑦ **pedestrian** 보행자

⑧ **crosswalk** 횡단보도

⑨ **street** 거리

⑩ **curb** 보도의 연석

⑪ **newsstand** 신문[잡지] 판매점

⑫ **mailbox** 우체통

⑬ **drive-tru window** 드라이브스루 윈도우(차를 타고 주문하는 곳)

⑭ **fast food restaurant** 패스트푸드점

⑮ **bus** 버스

⑯ **bus stop** 버스정류장

⑰ **corner** 코너(모퉁이)

⑱ **parking meter** 주차시간 자동 표시기

⑲ **motorcycle** 오토바이

⑳ **cafe** 카페

㉑ **public telephone** 공중전화

㉒ **streetlight** 가로등

㉓ **dry cleaners** 세탁소

㉔ **sidewalk** 인도

㉕ **fire hydrant** 소화전

㉖ **sign** 표지판

㉗ **street vendor** (길거리의) 노점상인

㉘ **cart** 손수레

단어암기
노트

여러 가지 여행

downtown 시내중심가

traffic jam 교통 혼잡 = traffic congestion

suburb 근교, 외곽 = outskirts

picnic 소풍 = excursion, outgoing

hunt 보물찾기
- After lunch, we're going to play treasure hunt games.
  점심 이후에 보물찾기 게임을 할 예정입니다.

performance contest 장기자랑 경연대회

field trip 현장학습
- We went on a field trip to a museum.
  우리는 박물관으로 현장학습을 갔어.

go backpacking 배낭여행 가다
- I'm going backpacking this summer.
  이번 여름에 배낭여행 갈 거야.

travel (일반적인) 여행
- 여행사 travel agency

trip 짧은 여행
- I'm going on a four-day three-night trip to Japan.
  3박 4일로 일본으로 여행 갈 거야.

tour 유람여행

journey 긴 여행
- journeyer 여행객
- journeyman (도제 수습기간을 마치고 날품팔이 일하는) 장인

homeless 노숙

voyage 항해
- I felt seasick during the voyage. 항해 동안에 배멀미를 했어.
- Bon voyage. 여행 즐겁게 하세요. = Have a nice trip.

pleasure boat 유람선

cruise tour 크루즈여행
- We met each other on cruise tour.
  우리는 크루즈여행 중에 만났어.
- cruise 유람
  a cruise liner 유람선

safari (사냥, 탐험 등의) 원정여행

historic site 유적지
- There are many historic sites in this region.
  이 지역에는 유적지가 많아.

theme tour 테마여행

role-playing 역할연기

vagabond 방랑자 = vagrant, tramp, bohemian
- He lived on a vagabond life. 그는 떠돌이 생활을 했어.

nomad 유목민

honeymoon 허니문, 신혼여행

해외여행

globalization 세계화
- Globalization unites us in one world.
  세계화는 우리를 하나의 세계로 통합켜.

visa 비자

travel agency 여행사

round-trip ticket 왕복항공권
- one-way ticket 편도항공권

hotel 호텔
- Did you reserve a hotel? 호텔 예약했어?

reserve 예약하다 = book

공항에서

airport bus 공항버스

transportation hub 교통 중심지

Incheon International Airport 인천국제공항

see off 배웅하다

check-in 탑승수속

trunk 여행용 큰 가방

airline 항공사

flight ticket 항공권

passport 여권

boarding pass 탑승권

aisle seat 통로 좌석
- Would you prefer a window or an aisle seat?
  창가석이 좋으세요, 통로석이 좋으세요?

window seat 창가 좌석

baggage 짐

extra charge 추가요금

security check 보안 검색
- You must go through a security check.
  보안 검색을 통과해야 해.

take-off 이륙

exchange 환전하다
- I'd like to exchange these bills for U.S. dollars.
  이 지폐를 미국 달러로 환전하고 싶습니다.

duty free 면세점

gate 탑승구

moving walkway 이동식 보도

final call 최종탑승 안내방송

비행기 안에서

flight attendant 승무원

in-flight meal 기내식
- What is served as an in-flight meal?
  기내식으로 무엇이 나오나요?
- Do you give meals on this plane? 기내식이 나오나요?

lavatory 화장실

occupied 사용 중

vacant 비어 있는, 공석의

landing 착륙

입국심사

immigration 입국심사
- Would you fill out this immigration form?
  이 출입국 신고서를 작성해 주시겠습니까?

baggage claim area 수하물 찾는 곳
- Where is the baggage claim area? 수하물 찾는 곳이 어디죠?

carrousel (운반대) 턴테이블

pick up 찾다

clear customs 세관을 통과하다
- Where should I go to clear customs?
  통관 수속을 하려면 어디로 가야 하나요?

호텔에서

on foot 걸어서

taxi 택시

fare 요금

front desk 접수창구

check in 체크인, 체크인하다
- I've checked in at the hotel. 호텔에 체크인을 했어.

confirm a reservation 예약을 확인하다
- I confirmed the reservation at the hotel.
  호텔 예약 확인 했어.

suit 특실

check out 체크아웃

American breakfast 미국식 아침식사 (계란요리, 소시지 등 푸짐한 식단)
- I want to have an American breakfast.
  미국식 아침 식사를 주세요.

Continental breakfast 대륙식 아침식사 (곡물빵, 시리얼 등 가벼운 식단)

downtown 시내 중심가

bus ticket 버스표

ticket office 매표소

automatic ticketing machine 자동 티켓 판매기
- The automatic ticketing machine is out of order.
  그 자동 티켓 판매기는 고장 났어.

coin 동전

subway 지하철
- I'll get off the subway at the next station.
  다음 역에서 지하철에서 내릴 거야.
- 미국 지하철 subway, metro
  캐나다 지하철 Skytrain
  영국 지하철 tube, underground
  홍콩 지하철 MTR

INDEX

INDEX

INDEX

INDEX